培養口說能力的日語教科書

こんにちは
你好 **2** 教師手冊

國中小學
高中職　　適用的第二外語教材
社區大學

東吳大學日文系
陳淑娟教授　著

撰寫大意

一、本教材係依據教育部 107 年 4 月公布之《十二年國民基本教育課程綱要國民中學暨普通型高級中等學校語文領域—第二外國語文》撰寫，提供日語課程素養導向的具體教學內涵。

二、本教材適用於國中小、或高中階段從入門開始的 A1-1 學生。本教材共 8 冊，每學期授課 36 小時者適用 1 冊。本書為第 2 冊，適合已上過 36 小時的學生使用，全冊包含 8 個 Unit，教師可搭配其他學習資源，靈活運用本書。

三、本教材以 CEFR 教學觀設計，重視「學以致用」，在「語言活動」中學會日語的原則撰寫，融合主題與溝通功能，本冊主題為「國際交流」，以台灣在地文化出發，透過各種語言行動，接待日本姊妹校來訪等，培養學生聽、說、讀、寫的能力，系統性比較日本文化，達到「在地國際化」的目標。

四、本教材與傳統教材不同，不限定學習的內文。注重從學生使用日語的情境出發，在實際的運作中啟發學習興趣，搭配學生喜愛的插畫風格，讓學生準備在「國際交流」中能使用日語，設計學校生活的各種活動情境，教師隨機選擇，每課斟酌所需，依學生需求彈性增減，印製內頁當圖卡或講義。

五、本教材採用螺旋式學習設計概念，提供學生複習機會的同時，每個階段逐步增加新的學習內容。

六、本教材提倡形成性評量，每課讓學生寫自我評量，教師依學生課堂參與度，以及練習冊表現，呈現「學習歷程檔案」，使學生順利銜接下一個學習階段。

七、本教材分為「聲音檔」、「課本」、「教師手冊」與「練習冊」4
　　個部分，學生擁有「聲音檔」與「課本」、「練習冊」3 個部分。

八、每個 Unit 皆明示「學習目標」，與「對應二外課綱」，透過「聞
　　いてみよう」、「語句と表現」、「やってみよう」、「書いて
　　みよう」與「ポートフォリオにいれよう」等各種學習步驟，熟
　　習語言運用，達成學習目標。

九、「學習目標」揭示該 Unit 的「Can-do」，明示學生於本課學會的
　　能力，並讓學生在「ポートフォリオにいれよう」自我評量確認
　　達成度，「對應二外課綱」則清楚表示本 Unit 與課綱的「核心素
　　養」、「學習表現」、「學習內容」的對應項目。請參照《十二
　　年國民基本教育課程綱要國民中學暨普通型高級中等學校語文領
　　域─第二外國語文》。

十、「聞いてみよう」讓學生先聽聲音，本教材主張「先聽後學」，
　　聽聽看本課自然的說話聲音，熟悉一下「音」，再進入主題學
　　習，因此這部分非本文，是暖身活動，請教師讓同學推測到底說
　　些什麼；「語句と表現」為該課的新字詞或句型結構；「やって
　　みよう」是任務型學習活動，讓學生透過活動使用語言，教師需
　　要講解日文語境與文脈，並練習。

十一、練習冊裡的「書いてみよう」是書寫的練習，請同學邊寫邊唸，請教師執行批閱並訂正，單字進行了 2～3 課之後教師可測驗聽寫，教師唸字詞讓同學寫出，加速辨識日文能力；「ポートフォリオにいれよう」則是蒐集學生的作品成果，例如 Can-do 自我評量表、學生做的卡片、以日文寫的小品、小考試等皆可收錄在「學習歷程檔案」裡。

十一、「聞いてみよう」內的日語會話內容皆呈現在教師手冊裡，學生聽懂即可，「やってみよう」的對話句在課本內，一部分在教師手冊，請教師視班級狀況，選擇用得到的單字與表達指導，彈性選擇問句或對話句。活動的目的是讓學生在實際運作中，自然學會，提醒教師上課前務必沙盤推演，備妥教具，確認活動步驟細節，依人數分組設計，以利學生透過各種互動的運作，學會使用日語。

十二、本教材主張自然對話，請教師控制單字、句型數量或文法講解的時間，每堂課確實讓每位學生達到充分使用日語的目標。

給老師們的話

敬愛的日語老師：

　　首先，感謝您選擇使用本書！筆者參與《108 十二年國教第二外國語文領域課綱》研修經驗，瞭解台灣市面上缺少具「實作性」、「銜接性」、「社會性」、「效能性」、適合義務教育的日語教科書，因而啟動撰寫本系列 1 ~ 8 冊的教材。本系列涵蓋 CEFR（歐洲共同語文參考架構）基礎級 A1 ~ A2，亦即第二外語新課綱的 Level-1、Level-2、Level-3、Level-4 的 4 級別，而本書正是適合 Level-1（上下兩學期共 72 小時）中的下冊（即入門的第二學期），也是本系列 8 冊中的第 2 冊。

　　新課綱的核心素養是「自發」、「互動」、「共好」，此為 21 世紀青少年必須具備的能力與態度，本教材根據此教育理念，設計各式各樣的日語學習情境、溝通的活動，期待透過教師的指示引導，同學們與同儕合作互動中，學會人際溝通的日語能力，此即為本系列教材的基本信念。本書適用於國中小、高中職與其他的社區大學等日語課程。

　　一般傳統的日語教學偏重「認識語言」，教師的責任就是「教一本書」，注重解說課本內的字詞、句型、文法原則，帶著同學不斷地練習再練習等，但是，這種教學法鮮見培養口說溝通能力的效果。而本教材讓學生「使用語言」，教師的責任就是設計實作的溝通互動活動，每位學生透過使用日語，學會日語，同時積極為學生尋找使用日語的機會，例如，爭取國際交流，創造使用日語環境，讓學生在真正的「語言使用中」，不斷自我成長。

本教材特色之一是貫徹「學習成果導向」理念，讓學生「自主學習」。請教師備課時確認每一課、每一個活動的「學習目標」，同時告知同學們本課的目標，而活動即為了達成該目標而展開。每學完一課，學生達到該目標與否，以「自我評量」模式讓學生自行申告，亦即為自己打分數，每項以 1～5 顆星（5 為滿分）呈現。而這個成績就是「學習歷程檔案」（ポートフォリオ）中的一頁，學生若未能達標，隨時可以自我補強，或找同學互動練習，至自己滿意再填寫「自我評量」。讓學生培養「自我管理」、「自主學習」的習慣。

　　本書對聽、說、讀、寫 4 技能的習得順序，採「自然習得」的信念，即以聲音的「聽」為優先，「說」次之，因此「聞<ruby>聞<rt>き</rt></ruby>いてみよう」的內容雖還沒學過，但同學知道本課主題，先試著聽聽看，猜猜看說些什麼？同時課堂中請教師盡量使用日語引導，反覆使用學生聽得懂的「教室用語」，且每課可稍累加。教師引導學了「<ruby>語<rt>ご</rt></ruby><ruby>句<rt>く</rt></ruby>と<ruby>表<rt>ひょう</rt></ruby><ruby>現<rt>げん</rt></ruby>」之後，再進行「說」的各種活動。至於單字、句型與文法的解說，視學生表達的需求指導。本冊單字多，請教師視學生狀況，從「<ruby>語<rt>ご</rt></ruby><ruby>句<rt>く</rt></ruby>と<ruby>表<rt>ひょう</rt></ruby><ruby>現<rt>げん</rt></ruby>」中自行斟酌選取用得到的即可，不必每個單字都教，文字的識讀與書寫在《練習冊》中能充分練習，請老師批閱「<ruby>書<rt>か</rt></ruby>いてみよう」，並給予正面回饋。偶而進行重要單字的聽寫測驗，可加速辨識字母，增強書寫能力。

本書能撰寫完成，端賴東吳大學碩博士班專攻「日語教學」、修讀筆者課程的老師們，彥坂はるの、芝田沙代子、田中綾子、廖育卿、袁立、鍾婷任、黃聖文、吳亭穎等（敬稱略）的貢獻功不可沒，她們協助設計適合中等教育階段學生的教室活動，也親自在自己任教的日語班級實驗，確認其可行性與有效性，才有今日能呈現給各位的風貌，對她們的教學熱忱在此致上最深謝意。同時，也期待今後能與使用本教材的教師們，相互切磋，敬請隨時不吝給予指教，我們需要使用本書的回饋意見，以利未來修正。相信您我的努力，可為提升台灣新世代的日語教育，共同盡棉薄之力！

陳淑娟 敬言

2018.12.19.

chensuc4@scu.edu.tw

chinsujane@gmail.com

如何使用本書

　　《こんにちは 你好 ②》包含「課本」（附 CD）、「練習冊」、「教師手冊」共 3 冊成一套，請學生使用「課本」（附 CD）跟「練習冊」。每一課的結構是「聞いてみよう」、「語句と表現」、「やってみよう」、「ポートフォリオにいれよう」組成，「書いてみよう」在「練習冊」書寫。以下說明本書教學活動的順序。

Step 1

準備：

　　請教師熟讀該課的主題、學習目標，並確定教室活動流程，準備教具，或提供另外需要印製的教具。

Step 2

暖身活動：

　　教師說明本課主題，詢問學生相關經驗，討論什麼情境用得上？與學生共同確認「學習目標」，提醒學生學完這一課時將填「自我評量」，並確認要達成的目標項目有哪些？

Step 3

聽聽看：

　　讓學生看圖討論課本情境圖的內容，播放 CD「聞<ruby>聞<rt>き</rt></ruby>いてみよう」讓學生聆聽，推測說話內容。「聞<ruby>聞<rt>き</rt></ruby>いてみよう」並非課本的會話文，目的是訓練學生從情境插圖及語音中推測聽取意義，學生聽懂即可，不需要跟讀。這是「理解語言」（聽懂即可），非「使用語言」（說得出口），讓學生習慣沉浸在日語聲音中，教師經常使用學生聽得懂的「教室用語」指示，更能促進學習的效果。

Step 4

唸唸看：

　　教師說明本課的「語<ruby>語句<rt>ごく</rt></ruby>と表<ruby>表現<rt>ひょうげん</rt></ruby>」，利用圖卡、板書或 PPT 反覆讓學生辨認讀出假名。教師解說句型，選擇本課必要的單字與文法說明，以板書或 PPT 讓學生代換練習等。由教師帶動全班朗讀，再播放 CD 的「語<ruby>語句<rt>ごく</rt></ruby>と表<ruby>表現<rt>ひょうげん</rt></ruby>」，請同學跟讀數次，或 2 人一組互相進行練習。

Step 5

做做看：

　　利用課本中的「やってみよう」情境圖，帶動全班使用日語。例如「是一間怎麼樣的學校」，指著圖說「<ruby>大<rt>おお</rt></ruby>きい<ruby>学校<rt>がっこう</rt></ruby>」、「<ruby>新<rt>あたら</rt></ruby>しい<ruby>学校<rt>がっこう</rt></ruby>」或「どんな<ruby>学校<rt>がっこう</rt></ruby>ですか」、「<ruby>何<rt>なに</rt></ruby>が<ruby>有名<rt>ゆうめい</rt></ruby>ですか」等，教師與學生、學生與學生間在互動中完成活動。

　　另外，本冊有發表型活動，讓學生個人或小組完成自己的調查之後，用日語發表。輔導學生在充分準備後，分享自己的成果，或同儕分工合作後使用日語發表。

Step 6

總結活動：

　　本課的總複習，確認同學熟悉本課學習重點的活動，可以使用「ポートフォリオにいれよう」中的「學習單」或「Rubric 評量表」當本課學習的總結，教師也可以自由設計，例如派同學代表上台發表成果，或教師選擇今天的活動之一當總結。

Step 7

寫寫看：

　　「書いてみよう」是回家作業，讓學生拿出《練習冊》把重要的單字與表達法一一書寫並記誦，邊寫邊唸。本冊單字較多，請教師視學生狀況，選擇該課需用的單字與表達法，讓學生從書寫有意義的詞彙與常用的日語，記住慣用法。或每上完一課，隔週小測驗聽寫 5 個單詞，也可以讓學生 2 人 1 組，1 位出題唸誦單字，1 位聽寫，之後交換。目的是讓同學辨識字母，寫出日語。讓學生從反覆書寫與讀誦單字與表達法之中，自然學會辨識日語。請老師批閱作業，給予正面回饋。教師視學生的學習狀況，要求在家聽 CD 跟讀 3 遍。

Step 8

學習歷程檔案：

　　「ポートフォリオにいれよう」即為學習歷程檔案，功能並非用來提出學習成果而已，最大的意義是讓學生學會「自我管理」，知道離「學習目標」還有多遠。同時自我補強，練習到自己滿意為止，再填滿 5 顆星。因應 12 年國教新課綱的實施，本書設計的「學習歷程檔案」為簡易紙本，未來教師應善用教育部國教署「個人學習歷程檔案」機制，蒐集學生的日語學習成果，內容包含「自我評量」、「同儕評量」、「學習護照（例如國際交流活動的紀錄等）」、「學習單」、「壁報作品」、「卡片」、「成果展」、「口頭發表的影音檔」等，以上資料有助於學生日後升學時提交，順利銜接下階段的日語學習。

目次

S校はどんな学校ですか

「學習目標」

1. 能打字認識日文。
2. 能用日文搜尋姊妹校資訊。
3. 能口述、書寫某學校的特徵。

「對應二外課綱」

核心素養：

外 -J-A1 具備認真專注的特質及良好的學習習慣，嘗試運用基本的學習策略，精進個人第二外國語文能力。

外 -J-B1 具備入門的聽、說、讀、寫第二外國語文能力。在引導下，能運用所學字母、詞彙及句型進行簡易日常溝通。

外 -J-C2 積極參與課內及課外第二外國語文團體學習活動，培養團體合作精神。

學習表現：

3-Ⅳ-1 能辨識字母發音與字形。

3-Ⅳ-2 能辨識課堂中習得的詞彙。

3-Ⅳ-3 能正確讀出詞彙。

4-Ⅳ-2 能正確模仿寫出詞彙。

5-Ⅳ-2 能聽懂並使用課堂中習得的詞彙。

6-Ⅳ-1 能專注聽取教師的說明與演示。

6- Ⅳ -2 樂於參與各種課堂練習。

6- Ⅳ -3 樂於回答教師或同學提問的問題。

8- Ⅳ -2 能對目標語國家之圖畫、標示、符號等作簡易的猜測或推
　　　　論。

學習內容：

Ad- Ⅳ -1 簡易常用的句型結構。

Ae- Ⅳ -1 應用結構。

Ae- Ⅳ -2 認識結構。

Af- Ⅳ -1 圖畫標示。

Af- Ⅳ -2 符號的輔助。

Bc 學校生活

「聞いてみよう」

1. A：**台湾人**　B：**日本人**

　　A：海がきれいですね。

　　B：小さい学校ですね。

2. A：**日本人**　B：**台湾人**

　　A：歴史のある学校ですよ。

　　B：さくらがきれいですね。

3. A：**日本人**　B：**台湾人**

　　A：見て、北海道にある学校だよ。

　　B：寒そう。

　　A：でも、楽しそう。

4. Ａ：日本人　Ｂ：台湾人

　　Ａ：あっ、ロボットですよ。

　　Ｂ：新しい授業ですね。

「語句と表現」

小学校・中学校・高校・大学・教室・ロボット・環境・神社・海・
山・さくら・日本一・ダンス部・野球部・キャンパス・新しい・
有名・大きい学校・小さい学校・古い学校・きれいな学校・すてき
な学校・北海道にある学校・沖縄にある学校・歴史のある学校・
寒そう・楽しそう・どこ・どう・どんな〜

「やってみよう」

活動一：「介紹姊妹校的環境」

學習目標：

1. 能打字認識日文。

2. 能用日文搜尋姊妹校資訊。

3. 能口述、書寫某學校的特徵。

步驟：

1. 教師指導學生在手機或電腦上使用日文輸入法，並練習利用日文
　字典 APP 查詢單字。學會日文輸入後，可以進行查單字比賽或打
　字比賽，例如在黑板上寫出 10 個單字，並發給紙張，要求將所
　查到的中文寫上，比賽誰最快完成。

2. 指導自行搜尋姊妹交流校網頁，告知下一堂課將學習「透過網

頁，瞭解姊妹校的環境」，也試著搜尋 YouTube 看能否找到相關影片，並提醒下次上課攜帶手機來。

3. 次堂課將全班分 4 ～ 5 人小組，先詢問搜尋結果如何，教師簡單復習日文輸入法，學生學會使用羅馬拼音輸入，同組內已熟練的同學教還不會日文輸入法的同學，並搜尋姊妹校網頁。

4. 若無姊妹交流校者，可自行搜尋某間有特色或是知名學校，或由老師指定「小<small>ちい</small>さい学<small>がっこう</small>校」、「面<small>おもしろ</small>白い学<small>がっこう</small>校」、「北<small>ほっかいどう</small>海道にある学<small>がっ</small>校<small>こう</small>」等關鍵詞，要求學生自行搜尋一所學校。

5. 教師指導課本上的示例範文，並解說單字與句子結構，同時也讓同學學會如何詢問。

6. 學生至少以 3 句日文說明自己所蒐集到姊妹校或是學校照片、影片之特色，並寫在課本「ポートフォリオにいれよう」的學習單上。

7. 先與同伴以口頭方式互相練習，介紹自己找到的照片特色，接著進行小組內發表，並接受組員詢問。若尚有時間，各組推一位代表上台發表，並接受他組同學詢問。教師給予發表者回饋意見，並批閱學習單給每位同學意見回饋。

活動二：「是一間怎麼樣的學校？」

學習目標：

1. 聽得懂簡單的日語詢問。
2. 能用日語描述自己的感覺。

步驟：

1. 教師以真實的資訊為基礎，利用網頁搜尋各式各樣的學校照片。
2. 教師邊展示照片，邊用日語詢問，讓學生以適當的日語回應。
   例如：教師先以「A ですか、B ですか」的選擇式問句（如例

1），再用日語疑問詞詢問（如例 2）。如果學生不知道時可回應「分かりません」。

例 1

・小学校（しょうがっこう）ですか、中学校（ちゅうがっこう）ですか。→

・小（ちい）さいですか、大（おお）きいですか。→

例 2

・どんな学校（がっこう）ですか。→

・どこにありますか。→

・環境（かんきょう）はどうですか。→

3. 教師適度以日語補上關於該校的其他資訊（如例 3）。

例 3

・野球部（やきゅうぶ）がとても有名（ゆうめい）ですよ。日本一（にほんいち）です。

・キャンパスがきれいです。

活動三：「學校比一比」

學習目標：

1. 能以簡單日文寫出自己的學校特徵。

2. 能比較自己的學校與姊妹校。

步驟：

1. 教師指導描述學校規模、特色、地理環境等說法。

2. 寫出至少 3 個關於自己學校的特徵如課本例句 P10。先查詢姊妹校的規模、地理環境等特色，填入學習單。沒有姊妹校者，自行查詢一所知名學校進行練習。此學習單可當作作業，書寫後交給老師批閱，並收在學習歷程檔案裡。

3. 寫好之後，請大聲朗誦給同伴聽。

- ・A 学校は大きいです。　　　　B 学校は大きくないです。
- ・A 学校は歴史があります。　　B 学校は新しいです。
- ・A 学校は台北にあります。　　B 学校は屏東にあります。

「ポートフォリオにいれよう」

自我評量

1. 我能打字認識日文。

2. 我能用日文搜尋姊妹校資訊。

3. 我能口述、書寫某學校的特徵。

クラブ活動
かつどう

「學習目標」

1. 能用照片介紹我的社團。
2. 能帶日本朋友進入社團。
3. 能用簡單日語進行簡報發表。

「對應二外課綱」

核心素養：

外 -J-A1 具備認真專注的特質及良好的學習習慣，嘗試運用基本的學習策略，精進個人第二外國語文能力。

外 -J-B1 具備入門的聽、說、讀、寫第二外國語文能力。在引導下，能運用所學字母、詞彙及句型進行簡易日常溝通。

外 -J-C2 積極參與課內及課外第二外國語文團體學習活動，培養團體合作精神。

學習表現：

3- Ⅳ -1 能辨識字母發音與字形。

3- Ⅳ -2 能辨識課堂中習得的詞彙。

3- Ⅳ -3 能正確讀出詞彙。

4- Ⅳ -2 能正確模仿寫出詞彙。

5- Ⅳ -2 能聽懂並使用課堂中習得的詞彙。

6- Ⅳ -1 能專注聽取教師的說明與演示。

6- IV -2 樂於參與各種課堂練習。

6- IV -3 樂於回答教師或同學提問的問題。

學習內容：

Ac- IV -2 應用詞彙。

Ac- IV -3 認識詞彙。

Ad- IV -1 簡易常用的句型結構。

Ae- IV -1 應用結構。

Ae- IV -2 認識結構。

Af- IV -1 圖畫標示。

Af- IV -2 符號的輔助。

Bc 學校生活

Bc- IV -4 社團。

「聞いてみよう」

1. A：台湾人　B：日本人

　　A：ダンス部の発表だ。かっこいい。

　　B：私もやりたいなー。

2. A：台湾人　B：日本人

　　A：すてきな写真だね。

　　B：すごいね。

3. A：日本人　B：台湾人

A：頑張れー！

A、B：楊さん、楊さん。

B：打てー！

4. A：台湾人　B：日本人

A：ゆかた、似合うね。

B：ありがとう。林さんも似合うよ。

B：抹茶とお菓子がおいしい。

A：日本語クラブ、楽しいね。

「語句と表現」

クラブ活動・バドミントン部・卓球部・テニス部・軽音部・サッカー部・ギター部・写真部・合唱部・日本語クラス・吹奏楽部・マーチング部・手芸部・美術部・陸上部・音楽ホール・試合・コンクール・全国大会・映像・発表会・毎年・部員・部活・最優秀賞・作品・ゆかた・お菓子・みんな仲良し・すてきな・週に一回・練習する・似合う・〜に入っています・〜で発表する・緊張する・〜を紹介する・やりたい・頑張れ・打て

「やってみよう」

活動一：「社團博覽會」

學習目標：

1. 能以日語介紹自己選擇的社團。
2. 能以日語進行簡報。

步驟：

1. 請同學準備自己參加的社團照片或活動影片，至少用 3 句日文說明。教師指導示例中的新單字、常用句子，並協助同學的日語表達。

2. 先請隸屬不同社團的人兩人一組，互相用日語介紹自己的社團照片或活動影片。也請同學練習詢問，例如：

   「試合がありますか。」

   「毎年、発表会がありますか。」

   「有名ですか。」

   「どこで練習しますか。」等等。

   若彼此的社團日語用詞聽不懂時，可以用中文說明代替。

3. 接著請隸屬相同社團的人組成一組，每組人數可不相同，同組中相互合作，利用照片或影片等資料，剪輯成 3 分鐘內的 PPT 檔案，自訂主題進行報告。

4. 充分練習之後，各組合作上台進行口頭簡報發表，每組限時 3 分鐘。

5. 使用課本 P21 的 Rubric 表評分，評自己組別之外，也進行各組互評。

6. 評量項目如果有增減，例如增加「合作無間」等項目，請教師自行設計表格使用。

7. 若有日本學生來訪，可邀請進入教室體驗學習，請他們評選出最優秀的一組，並簡單講評獲勝理由。若姊妹校同學有機會體驗各社團的話，則請日本人聽完後並各自選擇想參加哪個社團。

活動二：「向姊妹校介紹本校社團」

學習目標與活動一相同。

備註：本班若為社團性質的日文課程，而同學也無參加其他社團時，可使用此教學活動。

步驟：

1. 有姊妹校的夥伴們即將來訪，來訪當天他們要選擇加入本校的某一個社團，與大家共同體驗社團活動，可籌劃由日文社同學事先介紹安排，讓日本同學選擇想參加的社團。

2. 教師先取得全校社團資訊，請同學各自選擇一個本校的社團，若人數不平均時，教師可進行協調。

3. 依照所選的社團進行分組，同組夥伴分工合作進行蒐集資料及調查。

4. 各組將自己的社團介紹製作成 1 分鐘短片，並鼓勵同學多利用照片表達。

5. 教師參考使用及講解介紹文，指導同學用精簡的日語表達說明。若同學需要練習發音，請教師示範錄音，方便學生跟讀練習。

6. 台灣教師與日本教師聯絡，透過社群互動，可用視訊同步進行簡報，也可播放錄製的 PPT 影片，並在一定時間內接受日方詢問，雙方學生進行交流。

7. 透過社群互動邀請日本姊妹校同學票選自己想要加入的社團，並請對方說一個加入的理由。

8. 日本人來訪時，直接由負責同學帶往該社團，體驗社團活動。

「ポートフォリオにいれよう」

自我評量：

1. 我能用照片介紹我的社團。

2. 我能帶日本朋友進入社團。

3. 我能用簡單日語進行簡報發表。

がっこうせいかつ
学校生活

「學習目標」

1. 能比較自己的課表與日本姊妹校的課表。
2. 能用日語說明一週的學校生活。

「對應二外課綱」

核心素養：

外 -J-A1 具備認真專注的特質及良好的學習習慣，嘗試運用基本的
　　　　學習策略，精進個人第二外國語文能力。

外 -J-B1 具備入門的聽、說、讀、寫第二外國語文能力。在引導下，
　　　　能運用所學字母、詞彙及句型進行簡易日常溝通。

外 -J-C2 積極參與課內及課外第二外國語文團體學習活動，培養團
　　　　體合作精神。

學習表現：

2- Ⅳ -6 能簡單自我介紹。

3- Ⅳ -1 能辨識字母發音與字形。

3- Ⅳ -2 能辨識課堂中習得的詞彙。

3- Ⅳ -3 能正確讀出詞彙。

3- Ⅳ -6 能看懂外文的課表。

4- Ⅳ -2 能正確模仿寫出詞彙。

5- Ⅳ -2 能聽懂並使用課堂中習得的詞彙。

6- Ⅳ -1 能專注聽取教師的說明與演示。

6- Ⅳ -2 樂於參與各種課堂練習。

6- Ⅳ -3 樂於回答教師或同學提問的問題。

8- Ⅳ -1 能將所學字詞作簡易歸類。

8- Ⅳ -2 能對目標語國家之圖畫、標示、符號等作簡易的猜測或推論。

學習內容：

Ac- Ⅳ -2 應用詞彙。

Ac- Ⅳ -3 認識詞彙。

Ad- Ⅳ -1 簡易常用的句型結構。

Ae- Ⅳ -1 應用結構。

Ae- Ⅳ -2 認識結構。

Af- Ⅳ -1 圖畫標示。

Af- Ⅳ -2 符號的輔助。

Bc 學校生活

Bc- Ⅳ -1 課表。

Bc- Ⅳ -2 星期。

Bc- Ⅳ -3 時間。

Bc- Ⅳ -6 學校活動。

「聞いてみよう」

1. A：日本人　B：台湾人

A：朝早くから自習がありますね。

B：はい、時々テストがありますよ。

A：えー！

B：掃除もしなければなりません。

A：大変ですね。

2. A：先生　B：生徒　C：生徒

A：日本語は高一から始まります。

B：私は日本語が好きです。

C：でも、カタカナは難しそうですね。

3. A：台湾人

A：今は昼休みです。昼ごはんの後、みんな休んでいます。

午後の授業は 1 時半に始まります。

4. A：先生　B、C：生徒

A：危ないから、やめなさい。

B、C：すみません。

「語句と表現」

時間割・朝会・科目・数学・英語・国語・地理・歴史・音楽・公民・生物・化学・ホームルーム・体育・美術・情報・家庭科・課外授業・休み・昼休み・自習・1 時間・放課後・何時間目・月曜日・火曜日・水曜日・木曜日・金曜日・土曜日・日曜日・テスト・簡単・最高・特別な・大変な・遅い・早い・長い・短い・暑い・楽しい・難しい・難しそう・なぜ・どうして・どちら・ちょっと・

あまり・なんとなく・授業が始まる・授業が終わる・疲れる・た
くさん話す・掃除をしなければなりません

「やってみよう」

活動一：「夢幻課表」

學習目標：

1. 能用日語說自己喜愛的科目名稱。
2. 能用日語說自己覺得困難的科目。

步驟：

1. 教師說明製作理想課表的遊戲規則：如果一週只上三天課，請同
   學設計自己最喜愛的課表，並且填入課本內的空白功課表，規則
   是本班功課表上的科目都要寫上，同時也要說明理由。
2. 填妥後，在 3 ～ 5 人的小組內報告，小組內按順序每人發表，如
   範例。

   例

   私は日本語が大好きです。ですから、毎日日本語を勉強したい
   です。

   英語も好きです。ですから、英語もたくさん勉強したいです。

   歴史はちょっと難しいです。あまり好きではありません。

3. 在課本的「我的夢幻課表」學習單上先寫好，與同伴確認，有問
   題可舉手向老師提問，並在小組內與同伴練習後，輪流發表。
4. 各組推派一名代表，在全班面前發表，全班票選最佳夢幻課表的
   活動，得票最高者給予獎勵。
5. 教師協助將代表之夢幻課表以電子版呈現給全班同學看。

6. 利用課本的 Rubric 評量表讓每位同學替他組同學評量，或直接舉
   手票選，一人兩票。

活動二：「課表比較」

學習目標：

1. 觀察台日課表之相同與相異處。
2. 能用日語說明並比較台日課表。

步驟：

1. 教師準備一張交流姊妹校的課表，或以電子檔先傳給同學參考。
2. 同學們將自己的班級課表翻譯為日文，與姊妹校的課表做比較。
3. 比較課本裡的學習單項目，填入表格中。
4. 同學兩人為一組進行互問，並且比較日本課表及台灣課表，說明
   為什麼喜歡該課表。
5. 教師指導示例 1、2 的日文單字與句型結構。

　　例 1

　　王さん：どちらが好きですか。

　　黄さん：私は日本の方が好きですね。

　　王さん：どうしてですか。

　　黄さん：朝が遅いからです。王さんは？

　　王さん：台湾の方がいいかな。昼休みが長いからです。

　　例 2

　　鄭さん：どちらが好きですか。

　　林さん：私は台湾の方が好きですね。

鄭さん：どうしてですか。

林さん：日本の科目がよく分からないから。鄭さんは？

鄭さん：私もなんとなく、台湾の方がいいかな。

活動三：「令人印象深刻的課程」

學習目標：

1. 能傾聽同學述說印象深刻的課程。

2. 能說明自己印象深刻的課程。

步驟：

1. 讓學生記錄學校裡令人印象深刻的課程，先寫學習單，再進行口頭發表。

2. 學生挑選一週三天的課程中，其中印象最深刻的三堂課來介紹。

   印象深刻的各種原因表達法如下：

   例：疲れる、暑い、楽しい、面白い、簡単だ、最高だ、先生が好きだ、テストが難しい

   教師指導「形容詞い＋から」「形容動詞だ＋から」表示原因，每位同學感受不同，教師協助同學表達。

3. 教師指導會話文示例，並講解單字及句型結構。

   林さん　　：こんにちは。林です。どうぞよろしくお願いします。

   山本さん：こんにちは。山本です。よろしくお願いします。
   一週間の授業で、大変な授業はどの授業ですか。

   林さん　　：水曜日の体育です。

   山本さん：どうしてですか。

   林さん　　：暑いし、疲れるからです。

山本さん：好きな授業はどの授業ですか。

林さん　：月曜日の日本語です。

山本さん：どうしてですか。

林さん　：先生が好きだし、楽しいからです。

4. 在課本的學習單上填上，星期幾的什麼課最特別、自己的感想、為何令我難忘……等。

5. 將班上學生分成兩組，一組客串姊妹校日本人，掛上自製名牌（寫上日本人姓氏或名字），手上持「いいね」紙卡（當日本人者每人發給 3 張卡）。

6. 發表時，找日本人說明，先打招呼，自我介紹再說明，說完後可拿到「いいね」卡 1 張。一組進行完畢，換組進行。在限定時間內拿到最多「いいね」卡的同學，當選「今日我最棒」，給予獎勵。

「ポートフォリオにいれよう」

自我評量：

1. 我能比較自己的課表與日本姊妹校的課表。
2. 我能用日語說明一週的學校生活。

Unit 4

がっこうあんない
学校案内

「學習目標」

1. 能介紹校內有名的建築物。
2. 能介紹最喜愛的校園一角。

「對應二外課綱」

核心素養：

外 -J-A1 具備認真專注的特質及良好的學習習慣，嘗試運用基本的
　　　　學習策略，精進個人第二外國語文能力。

外 -J-B1 具備入門的聽、說、讀、寫第二外國語文能力。在引導下，
　　　　能運用所學字母、詞彙及句型進行簡易日常溝通。

外 -J-C2 積極參與課內及課外第二外國語文團體學習活動，培養團
　　　　體合作精神。

學習表現：

3- Ⅳ -1 能辨識字母發音與字形。

3- Ⅳ -2 能辨識課堂中習得的詞彙。

3- Ⅳ -3 能正確讀出詞彙。

4- Ⅳ -2 能正確模仿寫出詞彙。

5- Ⅳ -2 能聽懂並使用課堂中習得的詞彙。

6- Ⅳ -1 能專注聽取教師的說明與演示。

6- Ⅳ -2 樂於參與各種課堂練習。

6-Ⅳ-3 樂於回答教師或同學提問的問題。

8-Ⅳ-1 能將所學字詞作簡易歸類。

8-Ⅳ-2 能對目標語國家之圖畫、標示、符號等作簡易的猜測或推論。

學習內容：

Ac-Ⅳ-2 應用詞彙。

Ac-Ⅳ-3 認識詞彙。

Ad-Ⅳ-1 簡易常用的句型結構。

Ae-Ⅳ-1 應用結構。

Ae-Ⅳ-2 認識結構。

Af-Ⅳ-1 圖畫標示。

Af-Ⅳ-2 符號的輔助。

Bc 學校生活

Bc-Ⅳ-6 學校活動。

Bc-Ⅳ-7 教室。

Bc-Ⅳ-8 課程。

Bc-Ⅳ-9 學校作息。

「聞いてみよう」

1. A：台湾人　B：日本人

A：芝生がきれい。すごいグラウンドですね。

B：放課後、サッカーできるんだ。

2. A：台湾人　B：日本人

A：何買う？

B：肉まんにしようかな。

A：あ、二つ目は半額だ。一緒に買おう。

3. A：日本人　B：台湾人

A：パソコンの授業ですか。

B：いいえ、数学の授業ですよ。

A：かっこいいなあ。

4. A：台湾人　B：日本人

A：次の時間はおにぎりコンテストだ。調理教室に行こう。

B：楽しみだなあ。

「語句と表現」

図書館・教室・廊下・お手洗い・体育館・グラウンド・サッカー・講堂・購買部・寮・庭・保健室・校長室・職員室・昇降口・上履き・食堂・音楽室・コンピューター室・視聴覚教室・調理教室・放送室・守衛室・朝礼台・校門・駐車場・ゴミ捨て場・給食・お弁当・肉まん・芝生・二つ目・半額・コンテスト・パソコン・食べる・一緒に買おう・楽しみだね

「やってみよう」

活動一：「票選我喜愛的校園一角」

學習目標：

1. 能與同學合作，共同作畫。
2. 能以簡單日語表達自己所喜愛的校園一角。

步驟：

1. 前一堂課教師先宣布今天的活動，請同學事先選擇校園一處，並拍下照片，呈現自己最喜愛的一個校園角落。

2. 下一堂課開始時，教師先檢視同學們拍的照片，將相同喜好者分為一組，視班級人數分組，2～3人或3～4人皆可。同組內分享自己的照片，並討論日本姊妹校來訪時如何介紹「喜愛的校園一角」，共同製作一張代表本組的畫，繪圖表現本組推薦的校園內一角，並推派一位代表上台發表。

3. 教師引導示例 1、2、3，並協助各組同學用日語說出自己想表達的故事。

例 1

私たちは＿＿体育館＿＿が好きです。放課後よくここに来ます。
友達と＿＿バスケ＿＿をします。

例 2

私は＿＿朝礼台の後ろ＿＿が好きです。そこで、友達とおしゃべりします。お菓子を食べます。

例3

私は　　寮の庭　　が好きです。放課後、よくそこで、友達と遊ん
でいます。

4. 各組發表者輪流上台，秀出自己的畫，說明自己喜歡的角落。並
說出喜歡的理由，或曾經發生的故事，每組發表 2 分鐘，如時間
許可，可讓台下同學進行發問，如「どうしてですか。」，之後
由小組商量，換其他（任何一位）成員回答，發問時間每組 2 分
鐘。

5. 教師做好選票，一人 2 票（學生投自己組別的機率大，所以發 2
張票）選出最棒的校園角落，亦可簡單舉手投票，選出最優秀
者。

活動二：「中日文名稱比一比」

學習目標：

1. 觀察中日文地點名稱異同。
2. 能以日語說校園的地點名稱。

步驟：

1. 全班分成數個小組，請學生將校園內常見的地點名稱，在課本的
「中日文名稱比一比」學習單上，自行查出日語的說法，並寫上
（含平假名）。無法查出的同學請同組同伴協助，再查不出來時
請教老師。

2. 各組完成填表後，請同學討論中日語中對於校園內各處室名稱之
異同，或是有無新發現等問題。各組討論後，由代表的同學以中
文發表，同學間互相分享心得。

3. 先完成者可繼續找其他地點，填在 11、12、13 的空格處，繼續
分別搜尋日語說法，亦可延伸討論到中日文中，其他的地點名稱
說法之異同，例如車站、公園等。

4. 教師回饋同學們的發表，解說並提醒中文國字與日文漢字表達相似處多，容易瞭解，但日語讀音不同，一定要多朗誦才能學會，而且中日文字形雖相同，但意義不盡相同的漢字詞彙也不少。瞭解後帶同學熟悉日語發音，記住日語表達法及字義。

活動三：「學校簡介影片比賽」

學習目標：

1. 能與同學合作，製作學校的日語簡介。
2. 能用日語向日本人介紹校園特色。

步驟：

1. 告知同學們本班要做一份日文版的學校簡介，並可用於姊妹校日本朋友來參訪時。

2. 依照各學校的特色，將重點分成例如「宿舍」、「社團」、「校園」、「餐廳」、「校慶」等組別，並一一分配給同學，也可以讓學生們選擇，每組剪輯成 2 分鐘內的作品。各組內分工合作，可分為專責拍照或攝影者、設計影片旁白者、將旁白翻譯成日文者、用日語錄音者、剪輯配樂者等等。每組剪輯成 2 分鐘內的作品。

3. 將自己組別的作品在「ポートフォリオにいれよう」的「私^{わたし}たちの作品^{さくひん}」上填寫完成。教師檢查各組完成日文書寫，並協助口述的日語發音練習。

4. 完成之後，各組成果發表，可利用課本的 Rubric 表全班進行同儕互評。

5. 最後各組的剪輯配樂者，綜合並串連各組作品，加上片頭（學校名稱），做成完整版後，即可送交給學校一份日文版的學校簡介，並可供日本友校來參訪時使用。

「ポートフォリオにいれよう」

自我評量：

1. 我能用日語介紹校內有名的建築物。

2. 我能用日語介紹最喜愛的校園一角。

Unit 5 台湾の料理

「學習目標」

1. 能說明自己喜歡的一道台灣菜怎麼做。
2. 能向日本人介紹台灣年輕人喜歡的食物。

「對應二外課綱」

核心素養：

外-J-A1 具備認真專注的特質及良好的學習習慣，嘗試運用基本的
學習策略，精進個人第二外國語文能力。

外-J-B1 具備入門的聽、說、讀、寫第二外國語文能力。在引導下，
能運用所學字母、詞彙及句型進行簡易日常溝通。

外-J-C2 積極參與課內及課外第二外國語文團體學習活動，培養團
體合作精神。

學習表現：

3-Ⅳ-1 能辨識字母發音與字形。

3-Ⅳ-2 能辨識課堂中習得的詞彙。

3-Ⅳ-3 能正確讀出詞彙。

3-Ⅳ-4 能看懂簡單的標示語。

4-Ⅳ-2 能正確模仿寫出詞彙。

5-Ⅳ-2 能聽懂並使用課堂中習得的詞彙。

6-Ⅳ-1 能專注聽取教師的說明與演示。

6- Ⅳ -2 樂於參與各種課堂練習。

6- Ⅳ -3 樂於回答教師或同學提問的問題。

7- Ⅳ -2 能認識課堂中所介紹的國內外主要節慶習俗之異同。

8- Ⅳ -1 能將所學字詞作簡易歸類。

8- Ⅳ -2 能對目標語國家之圖畫、標示、符號等作簡易的猜測或推
論。

學習內容：

Ac- Ⅳ -2 應用詞彙。

Ac- Ⅳ -3 認識詞彙。

Ad- Ⅳ -1 簡易常用的句型結構。

Ae- Ⅳ -1 應用結構。

Ae- Ⅳ -2 認識結構。

Af- Ⅳ -1 圖畫標示。

Af- Ⅳ -2 符號的輔助。

Bc 學校生活

Bc- Ⅳ -6 學校活動。

「聞いてみよう」

1. A：日本人　B：台湾人

A：おいしい。これは何ですか。

B：豆花というデザートですよ。

A：へー。そうなんですか。これは。

B：ピーナッツですよ。

A：甘くておいしいですね。

2. A：日本人　B：台湾人

A：暑いですね。何か飲みたいですね。

B：タピオカミルクティーがおすすめです。

A：いいですね。そうしよう。

3. A：日本人　B：台湾人

A：夜市の食べ物で何がおすすめですか。

B：面白いものがありますよ。とても大きいフライドチキン
です。

A：そうですか。わー、食べてみたい。

4. A：日本人　B：台湾人

A：台湾の人は朝、何を食べますか。

B：パンとか、ハンバーガーとか、蛋餅とか、いろいろあり
ますよ。

A：陳君は何を食べるの。

B：僕は蛋餅が一番好きです。

A：それは何ですか。

B：卵入りのクレープで、しょっぱいです。

「語句と表現」

デザート・ピーナッツ・タピオカミルクティー・フライドチキ
ン・卵入りのクレープ・しょっぱい・オムライス・中華料理・日
本料理・何料理・夜市・屋台・ゼリー・豆乳プリン・小籠包・牛
肉麺・臭豆腐・ビーフン・チャーハン・塩・砂糖・みそ・醤油・
酢・胡椒・油・酒・だし・ソース・しょうが・ニンニク・バター・
ねぎ・調味料・豚肉・材料・作り方・強火・弱火・炊飯器・フラ
イパン・鍋・味付け・お湯・有名・苦手・辛い・甘い・濃い・薄い・
適当に・少し・多めに・作る・炒める・茹でる・揚げる・煮込む・
焼く・蒸す・入れる・かける・浸す・混ぜる・やわらかくなる・
加える・準備する

「やってみよう」

活動一：「台日節慶飲食習慣比一比」

學習目標：

1. 能針對某主題用日文查詢資訊。
2. 能用日語介紹台日節慶的飲食習慣。

步驟：

1. 詢問全班同學台灣有哪些主要的節慶？在那個節慶吃什麼？問問
   同學知不知道日本的主要節慶是什麼？在那個節慶吃什麼？
2. 例如：年夜飯（おせち）、過年（お正月）、端午節（端午の節
   句）、中秋節（中秋節）、聖誕節（クリスマス）……等。

3. 全班分成 5 組，各別為 A 組年夜飯（おせち）、B 組過年（お正月^{しょう}^{がつ}）、C 組端午節（端午^{たんご}の節句^{せっく}）、D 組中秋節（中秋節^{ちゅうしゅうせつ}）、E 組聖誕節（クリスマス）等。各組先完成課本的學習單，再製作台日習慣比較的海報、PPT，並向同學們報告該組感想。

4. 各組分工合作，搜集資訊、找照片、查詢節慶食物的日語說法、日本人吃什麼、有什麼特別的由來、意義……等。

5. 最後進行成果發表，如果選擇用壁報發表，可如下進行。教師先確認可張貼海報的位置，請各組將海報張貼在牆上，請各組分 a、b 兩群人，先由 a 守在壁報前，對來看壁報的同學說明；b 則任意走動到他組參觀。約 15 分鐘後，a、b 任務交換。在壁報前參觀的同學聽完解說後可以發問，由該組同學當場回答，可允許使用中文。

活動二：「我家食堂」

學習目標：

1. 能用日語講解一道台灣菜的做法。
2. 能與群組溝通互動，分工合作完成任務。

步驟：

1. 如有日籍學生來訪時可準備此活動，與日本學生分享「我家食堂」。告知學習內容，以及分配接待日籍學生的方式。如果沒有日籍學生來訪，可以請老師邀請大學日文系學生來當貴賓。

2. 由同學提出一道家鄉口味，或媽媽（家人）拿手菜。問媽媽（家人）如何製作，先查以日文說明做菜方法時所用到的動詞、表達方法等，並整理成表格，同學利用課本的學習單，完成填寫。

3. 教師事先搜集並指導烹飪用語、味道表達等相關用語，由教師先提示例文，並指導單字與句型。

4. 具鄉土特色的食材，菜名直接用中文（或台語）表達。

5. 依班級人數分組，4～5人一組，各組內綜合意見後，決定出一道最具代表的料理，並開始利用照片，準備發表內容。利用照片介紹時，內容以簡單有趣為主，可參考日本雜誌或網頁、影片的日語說法。

6. 各組發表介紹好吃的推薦小品，或家鄉菜。也可以請其他日語班同學一起聽，一起票選出發表得最好的小組，或最想吃的小組。

例

炒米粉（焼きビーフン）

材料：野菜、豚肉、えび、油、醤油、ビーフン

作り方：

1. まず、お湯を準備する。ビーフンをお湯に入れて5～8分ほど浸す。

2. 野菜と豚肉を切る。

3. 鍋に油を入れ、豚肉を炒める。醤油を少し入れる。

4. 野菜を入れて、炒める。

5. 水を少々加えて、ビーフンを入れる。調味料を加えて、弱火で混ぜる。ビーフンが柔らかくなったら、できあがり。

活動三：「猜猜是什麼料理？」

學習目標：

1. 能與小組同伴一同使用日語猜謎。

2. 可以用日語說出哪道菜是用什麼材料做的、什麼味道。

步驟：

1. 教師說明猜謎遊戲，並教導常見台日人氣料理的名稱、常見食材名稱，以及日語提問的方法。

2. 一組 3 ～ 5 名，每組各派一位代表到講台前，聽老師告知謎底、某道菜的名稱，一次一道菜，例如：親子丼（おやこどん）、カレー、ラーメン、オムライス、かつ丼（どん）、チャーハン、蚵仔煎（オ ア チェン）、菜脯蛋（ツァイプータン）……等。

3. 各組代表回到自己的小組後，由組員一一輪流發問，一次只能提問一個問題，同時也只能回答一個答案，相同問題可以再問，最先猜到答案名稱的組別勝出。或是到了差不多答案都出來時，聽老師指示「せーの」，大家同時說出答案。再換另一個題目，由不同的同學出來聽取謎底，繼續猜。

4. 本活動的趣味性不在比賽，在於每個人都有一次主持猜謎的機會，考驗同組同學的默契，也鼓勵同學用日文思考與表達。例如：「菜脯蛋（ツァイプータン）」這個題目，學生 B、C、D、E 可以如下提問，A 可以如下回答。

例

生徒（せいと）B：何料理（なにりょうり）ですか？　　→生徒（せいと）A：台湾料理（たいわんりょうり）です。

生徒（せいと）C：どんな味（あじ）ですか？　　→生徒（せいと）A：しょっぱいです。

生徒（せいと）D：何（なに）を使（つか）いますか？　　→生徒（せいと）A：卵（たまご）を使（つか）います。

生徒（せいと）E：何（なに）を使（つか）いますか？　　→生徒（せいと）A：大根（だいこん）を使（つか）います。

生徒（せいと）B：どうやって作（つく）りますか？→

生徒（せいと）A：フライパンで焼（や）きます。

生徒（せいと）E：どんな色（いろ）ですか？　　→生徒（せいと）A：茶色（ちゃいろ）です。

「ポートフォリオにいれよう」

自我評量：

1. 我能用簡單的日語說明自己喜歡的一道台灣菜怎麼做。
2. 我能向日本人介紹台灣年輕人喜歡的食物。

Unit 6

こうりゅうかい
交流会

「學習目標」

1. 能讀常見的日本人的姓氏。
2. 在交流會時能向日本人介紹自己的姓名與家人。

「對應二外課綱」

核心素養：

外 -J-A1 具備認真專注的特質及良好的學習習慣，嘗試運用基本的
學習策略，精進個人第二外國語文能力。

外 -J-B1 具備入門的聽、說、讀、寫第二外國語文能力。在引導下，
能運用所學字母、詞彙及句型進行簡易日常溝通。

外 -J-C2 積極參與課內及課外第二外國語文團體學習活動，培養團
體合作精神。

學習表現：

2- Ⅳ -4 能用簡單的招呼語向教師同學打招呼。

2- Ⅳ -6 能簡單自我介紹。

3- Ⅳ -1 能辨識字母發音與字形。

3- Ⅳ -2 能辨識課堂中習得的詞彙。

3- Ⅳ -3 能正確讀出詞彙。

3- Ⅳ -4 能看懂簡單的標示語。

4- Ⅳ -2 能正確模仿寫出詞彙。

5- Ⅳ -2 能聽懂並使用課堂中習得的詞彙。

6- Ⅳ -1 能專注聽取教師的說明與演示。

6- Ⅳ -2 樂於參與各種課堂練習。

6- Ⅳ -3 樂於回答教師或同學提問的問題。

8- Ⅳ -1 能將所學字詞作簡易歸類。

8- Ⅳ -2 能對目標語國家之圖畫、標示、符號等作簡易的猜測或推論。

學習內容：

Ac- Ⅳ -2 應用詞彙。

Ac- Ⅳ -3 認識詞彙。

Ad- Ⅳ -1 簡易常用的句型結構。

Ae- Ⅳ -1 應用結構。

Ae- Ⅳ -2 認識結構。

Af- Ⅳ -1 圖畫標示。

Af- Ⅳ -2 符號的輔助。

Ba 招呼用語

Bb 自己與家人

Bb- Ⅳ -1 自我介紹。

Bb- Ⅳ -2 家人稱呼。

Bb- Ⅳ -3 家中成員。

Bc 學校生活

Bc- Ⅳ -6 學校活動。

「聞^きいてみよう」

1. A：日本人^{にほんじん}　B：台湾人^{たいわんじん}

    A：はじめまして。斉藤^{さいとう}です。

    B：佐藤^{さとう}さんですね。よろしくお願^{ねが}いします。

    A：いいえ、「さいとう」です。

    B：すみません。斉藤^{さいとう}さんですね。

2. A：台湾人^{たいわんじん}　B：日本人^{にほんじん}

    A：山本^{やまもと}さん、下^{した}の名前^{なまえ}は何^{なん}ですか。

    B：結衣^{ゆい}です。

    A：山本^{やまもと}ゆりさんですか。

    B：いいえ、「ゆい」です。

    A：すみません、結衣^{ゆい}さんですね。

    B：はい、山本結衣^{やまもとゆい}です。

3. A：台湾人^{たいわんじん}　B：日本人^{にほんじん}

    A：これ、日本^{にほん}で撮^とった写真^{しゃしん}です。

    B：いい写真^{しゃしん}ですね。春^{はる}に行^いきましたか。

    A：はい。さくらがきれいでした。

    B：妹^{いもうと}さんですか。似^にていますね。

    A：一^{ひと}つ下^{した}です。

4. A：日本人　B：台湾人

A：台湾はすごいね。町に小林ラーメンがあった。

B：あ、あれはね、小林じゃなくて、シャオリンだよ。

A：あ～、そうか。中国語の読み方か。

B：鈴木、本田、伊藤など、台湾にもいろいろあるよ。

「語句と表現」

苗字・名字・名前・高橋・阿部・小松・斉藤・清水・菊池・山崎・山崎・松井・森・藤本・小池・草薙・木村・松本・星川・吉田・山口・山田・佐々木・須田・安藤・宮崎・工藤・立花・井上・林・写真・春・中国語・読み方・父【お父さん】・母【お母さん】・兄弟・姉妹・兄【お兄さん】・姉【お姉さん】・妹【妹さん】・弟【弟さん】・3年生・ペット・祖父【おじいさん】・祖母【おばあさん】・お花見・元気・泣き虫・いじわる・頭がいい・厳しい・どこから来たか

「やってみよう」

活動一：「我會唸日本人的姓」

學習目標：

1. 能唸出日本人姓氏中常見的漢字音。

2. 扮演一次的日本人角色進行自我介紹。

步驟：

1. 詢問學生認識的日本人姓什麼？或知道日本人有什麼姓氏嗎？

2. 若有姊妹校來訪，教師事先調查妥將要來訪的日本朋友的姓氏，並教學生查出姓氏唸法。

3. 教師利用課本附錄中常見的姓氏卡片，教同學誦讀。

    例：

    苗字：高橋（たかはし）　阿部（あべ）　小松（こまつ）　斉藤（さいとう）　清水（しみず）　菊池（きくち）　山崎（やまさき）　松井（まつい）　森（もり）　藤本（ふじもと）　小池（こいけ）　草薙（くさなぎ）　木村（きむら）　松本（まつもと）　星川（ほしかわ）　吉田（よしだ）　山口（やまぐち）　山田（やまだ）　佐々木（ささき）　須田（すだ）　安藤（あんどう）　宮崎（みやざき）　工藤（くどう）　立花（たちばな）　井上（いのうえ）　林（はやし）

4. 除了上述例子，也可以讓學生們對常見漢字的訓讀、音讀舉一反三，做成以下新的組合，寫出漢字，讓同學試著唸唸看。例如：村松（むらまつ）、安田（やすだ）、松山（まつやま）、池田（いけだ）、高田（たかだ）、水田（すいでん）、吉本（よしもと）、小山（おやま）、小林（こばやし）……。

5. 為了讓同學記住讀音，教師可以分組比賽拍卡片遊戲，準備複數組卡片，各組將卡片散在桌上，當教師唸出某姓氏後，同學搶拍卡片，第 1 個拍到的可將卡片取走，最後由取得最多者勝出。

6. 為了讓同學熟記讀音，並能說出姓氏，教師玩「當當日本人自我介紹」遊戲。發給學生 1 人 1 張姓氏卡（每人各不同），黏貼在衣服上，或掛上姓名牌，當作自己今日的姓氏，並自行找其他同學互相自我介紹（如例 1）。B 如果聽不懂時，要請 A 再說一次（如例 2）。B 聽錯時，A 再說一次「田中（たなか）です。」，B 也重新確認「田中（たなか）さんですね。」（如例 3）。

    例 1

    A：こんにちは、田中（たなか）です。どうぞよろしくお願（ねが）いします。

    B：田中（たなか）さんですね。松井（まつい）です。よろしくお願（ねが）いします。

例 2

A：こんにちは。田中<ruby>田中<rt>た なか</rt></ruby>です。どうぞよろしくお願<ruby>願<rt>ねが</rt></ruby>いします。

B：すみません。もう一度<ruby>一度<rt>いち ど</rt></ruby>お願<ruby>願<rt>ねが</rt></ruby>いします。

A：田中<ruby>田中<rt>た なか</rt></ruby>です。

B：田中<ruby>田中<rt>た なか</rt></ruby>さんですね。松井<ruby>松井<rt>まつ い</rt></ruby>です。よろしくお願<ruby>願<rt>ねが</rt></ruby>いします。

例 3

A：こんにちは。田中<ruby>田中<rt>た なか</rt></ruby>です。どうぞよろしくお願<ruby>願<rt>ねが</rt></ruby>いします。

B：中田<ruby>中田<rt>なか だ</rt></ruby>さんですね。

A：いいえ、田中<ruby>田中<rt>た なか</rt></ruby>です。どうぞよろしくお願<ruby>願<rt>ねが</rt></ruby>いします。

B：田中<ruby>田中<rt>た なか</rt></ruby>さんですね。松井<ruby>松井<rt>まつ い</rt></ruby>です。よろしくお願<ruby>願<rt>ねが</rt></ruby>いします。

7. 讓同學充分以今日姓氏，互相自我介紹，並將互相介紹過的其他同學日本姓氏寫在課本的「當當日本人」學習單上。

8. 利用 16 格賓果表，同學們在賓果紙張格子上填入其他日本人姓氏（不填自己姓氏），填妥後由同學舉手輪流以今日日本人姓氏進行自我介紹，例如「斉藤<ruby>斉藤<rt>さいとう</rt></ruby>です。どうぞよろしくお願<ruby>願<rt>ねが</rt></ruby>いします。」，同學們在賓果圖上做記號，誰先連成線者賓果。

活動二：「我的家人最可愛」

學習目標：能用簡單的日語描述自己的家人。

步驟：

1. 前一堂課的作業，讓同學自選一位家中成員或寵物，以照片、影片或設計 PPT 頁面，做成 3 ～ 4 頁簡報向大家介紹，發表以不超過 2 分鐘為限。

2. 介紹的內容最好能與日本相關，例如去過日本、喜歡吃日本菜、喜歡聽日文歌，或看日本漫畫等，也可完全自由發揮。

例1

これは祖母（そぼ）です。

去年（きょねん）、東京（とうきょう）に行（い）きました。

お花見（はなみ）をしました。

日本（にほん）のドラマが好（す）きです。日本（にほん）の歌（うた）も好（す）きです。

例2

これは弟（おとうと）です。

小学校（しょうがっこう）3年生（さんねんせい）です。

犬（いぬ）が好（す）きです。

野菜（やさい）がきらいです。

3. 最後由大家票選其中最想認識的 3 位家人，就是今日的人氣王。發 2 張票，1 張選 1 人，選票上寫 1 個理由，如課本 P74 理由的說法（例 3）。教師發表結果時，唸出同學們的評語。利用課本「評選人氣家人」學習單，或依班級人數請老師另外印製全班學生名單的評選表。

例3

かわいいからです。面白（おもしろ）いからです。かっこいいからです。

やさしいからです。

活動三：「名人家譜」

學習目標：能用日文稱謂介紹家人。

步驟：

1. 同學們分組，調查某個家庭的名人族譜。任何同學感興趣的人物皆可，可找同學們熟悉的卡通漫畫人物，例如「ドラえもん」（哆啦A夢）、「ちびまる子」（小丸子）、「クレヨンしんちゃん」（蠟筆小新）、「あたしンち」（我們這一家）、「妖怪ウォッチ」（妖怪手錶），或歷史上名人，由各組討論決定，不要重複。
2. 畫出族譜，找出這家人特別的地方，並說明在族譜下。
3. 可延伸調查主角之外配角的家人們。
4. 做出 PPT 發表，並利用課本上的 Rubric 表與同學互評。

「ポートフォリオにいれよう」

自我評量：

1. 能讀常見的日本人的姓氏。
2. 在交流會時能向日本人介紹自己的姓名與家人。

Unit 7 授業体験
じゅぎょうたいけん

「學習目標」

1. 於日本人來訪時能主動打招呼。
2. 能與日本學生視訊互動。
3. 於共同課程體驗時能運用表達策略溝通。
4. 樂於與日本學生共學。

「對應二外課綱」

核心素養：

外 -J-A1 具備認真專注的特質及良好的學習習慣，嘗試運用基本的
學習策略，精進個人第二外國語文能力。

外 -J-B1 具備入門的聽、說、讀、寫第二外國語文能力。在引導下，
能運用所學字母、詞彙及句型進行簡易日常溝通。

外 -J-C2 積極參與課內及課外第二外國語文團體學習活動，培養團
體合作精神。

學習表現：

1- IV -4 能聽懂簡易招呼語。

2- IV -4 能用簡單的招呼語向教師同學打招呼。

2- IV -6 能簡單自我介紹。

3- IV -1 能辨識字母發音與字形。

3- IV -2 能辨識課堂中習得的詞彙。

3- IV -3 能正確讀出詞彙。

3- IV -4 能看懂簡單的標示語。

4- IV -2 能正確模仿寫出詞彙。

5- IV -2 能聽懂並使用課堂中習得的詞彙。

6- IV -1 能專注聽取教師的說明與演示。

6- IV -2 樂於參與各種課堂練習。

6- IV -3 樂於回答教師或同學提問的問題。

7- IV -2 能認識課堂中所介紹的國內外主要節慶習俗之異同。

8- IV -1 能將所學字詞作簡易歸類。

8- IV -2 能對目標語國家之圖畫、標示、符號等作簡易的猜測或推
論。

學習內容：

Ac- IV -2 應用詞彙。

Ac- IV -3 認識詞彙。

Ad- IV -1 簡易常用的句型結構。

Ae- IV -1 應用結構。

Ae- IV -2 認識結構。

Af- IV -1 圖畫標示。

Af- IV -2 符號的輔助。

Ba 招呼用語

Bc 學校生活

Bc- IV -6 學校活動。

Bc- IV -7 教室。

Bc- IV -8 課程。

Bc- IV -9 學校作息。

「聞^きいてみよう」

1. A：台湾人^{たいわんじん}　B：台湾人^{たいわんじん}

   A：もうすぐ日本人^{にほんじん}の高校生^{こうこうせい}が来^くるね。緊張^{きんちょう}するな。

   B：わくわくするね。友達^{ともだち}できるかな。楽^{たの}しみだね。

   A：このプレゼント、喜^{よろこ}んでくれるかな。

   B：喜^{よろこ}ぶと思^{おも}うよ。

2. A：台湾人^{たいわんじん}　B：日本人^{にほんじん}

   A：こんにちは、陳^{ちん}です。よろしくお願^{ねが}いします。

   B：どうも、木村^{きむら}です。よろしくお願^{ねが}いします。

   A：これ、プレゼントです。どうぞ。

   B：ありがとうございます。日本^{にほん}のお土産^{みやげ}です。どうぞ。

   A：ありがとうございます。わあ、きれいですね。

   B：小物入^{こものい}れです。私^{わたし}が作^{つく}りました。

   A：わあ、嬉^{うれ}しい。

3. A：日本人^{にほんじん}　B：台湾人^{たいわんじん}

   A：難^{むずか}しいなあ。

   B：これは、こうするんだよ。

   A：あっ、そうか。

   B：そうそう。こうして、ほら。できたよ。

　　A：わあ、ありがとう。楽<ruby>楽<rt>たの</rt></ruby>しかったね。

　　B：<ruby>僕<rt>ぼく</rt></ruby>も<ruby>楽<rt>たの</rt></ruby>しかった。

4. A：<ruby>台湾人<rt>たいわんじん</rt></ruby>　B：<ruby>日本人<rt>に ほんじん</rt></ruby>　C：<ruby>台湾人<rt>たいわんじん</rt></ruby>　D：<ruby>日本人<rt>に ほんじん</rt></ruby>

　　A：え～あ～。

　　B：<ruby>何<rt>なに</rt></ruby>を<ruby>話<rt>はな</rt></ruby>そう……。<ruby>緊張<rt>きんちょう</rt></ruby>するね。

　　C：まあ、お<ruby>菓子<rt>か し</rt></ruby>、どうぞ。おいしいですよ。

　　D：これ、<ruby>何<rt>なん</rt></ruby>ですか。

　　A：タロイモチップスです。

「<ruby>語句<rt>ご く</rt></ruby>と<ruby>表現<rt>ひょうげん</rt></ruby>」

<ruby>校長<rt>こうちょう</rt></ruby>・スピーチ・パフォーマンス・<ruby>活動<rt>かつどう</rt></ruby>・<ruby>試合<rt>し あい</rt></ruby>・<ruby>共演<rt>きょうえん</rt></ruby>・ホームステイ・<ruby>民族衣装<rt>みんぞく い しょう</rt></ruby>・<ruby>民族舞踊<rt>みんぞく ぶ よう</rt></ruby>・<ruby>中国結<rt>ちゅうごくむす</rt></ruby>び・<ruby>手作<rt>て づく</rt></ruby>り・<ruby>小物入<rt>こ もの い</rt></ruby>れ・クイズ・<ruby>合同授業<rt>ごうどうじゅぎょう</rt></ruby>・<ruby>課外授業<rt>か がいじゅぎょう</rt></ruby>・お<ruby>祭<rt>まつ</rt></ruby>り・<ruby>中国武術<rt>ちゅうごく ぶ じゅつ</rt></ruby>・<ruby>合唱<rt>がっしょう</rt></ruby>・<ruby>演劇<rt>えんげき</rt></ruby>・<ruby>見学<rt>けんがく</rt></ruby>・プレゼント<ruby>交換<rt>こうかん</rt></ruby>・ミッション・<ruby>連絡<rt>れんらく</rt></ruby>・グループ<ruby>分<rt>わ</rt></ruby>け・カルチャーショック・お<ruby>店<rt>みせ</rt></ruby>・かき<ruby>氷<rt>ごおり</rt></ruby>・<ruby>科学実験<rt>か がくじっけん</rt></ruby>・<ruby>具<rt>ぐ</rt></ruby>・<ruby>漢字<rt>かんじ</rt></ruby>・<ruby>書道<rt>しょどう</rt></ruby>・<ruby>演奏<rt>えんそう</rt></ruby>・<ruby>発表<rt>はっぴょう</rt></ruby>・<ruby>旧暦<rt>きゅうれき</rt></ruby>・<ruby>端午<rt>たん ご</rt></ruby>の<ruby>節句<rt>せっ く</rt></ruby>・<ruby>粽<rt>ちまき</rt></ruby>・タロイモチップス・<ruby>正解<rt>せいかい</rt></ruby>・コンビニ・<ruby>蒸<rt>む</rt></ruby>し<ruby>暑<rt>あつ</rt></ruby>い・<ruby>伝統的<rt>でんとうてき</rt></ruby>な・お<ruby>互<rt>たが</rt></ruby>いに・<ruby>違<rt>ちが</rt></ruby>う・<ruby>喜<rt>よろこ</rt></ruby>ぶ・<ruby>喜<rt>よろこ</rt></ruby>んでくれる・<ruby>病気<rt>びょうき</rt></ruby>を<ruby>防<rt>ふせ</rt></ruby>ぐ・<ruby>飾<rt>かざ</rt></ruby>る・<ruby>悪<rt>わる</rt></ruby>い<ruby>運<rt>うん</rt></ruby>を<ruby>払<rt>はら</rt></ruby>う・<ruby>学園祭<rt>がくえんさい</rt></ruby>に<ruby>参加<rt>さん か</rt></ruby>する・～と<ruby>言<rt>い</rt></ruby>われている・<ruby>覚<rt>おぼ</rt></ruby>えてください・<ruby>駅<rt>えき</rt></ruby>を<ruby>降<rt>お</rt></ruby>りたらすぐ・<ruby>並<rt>なら</rt></ruby>んでいる・<ruby>一緒<rt>いっしょ</rt></ruby>に<ruby>作<rt>つく</rt></ruby>りましょう・ぜひ<ruby>食<rt>た</rt></ruby>べてみてください・ようこそ・～へいらっしゃいました

「やってみよう」

活動一：「台灣事情大猜謎」

學習目標：

1. 能透過視訊介紹台灣給日本朋友。
2. 能用簡單日語說出台灣的特色。

步驟：

1. 此遊戲可於日本學生來訪時進行，或教師積極尋找能與日文班學生透過視訊互動的日本國高中班級，或於日本人來訪之後，與日方教師約定 1 個月 1 次於課堂中以視訊方式，進行 1 小時的交流。雙方教師進行討論及設計交流的主題，或輪流設計。

2. 由台灣學生設計「台湾事情クイズ」（如例 1），台灣學生 4 ～ 5 人 1 組，每組設計 3 ～ 5 個題目，讓日本學生猜，每一題附有 3 ～ 5 個選項答案，由日本學生選 1 個正確答案回答，希望透過猜謎遊戲，讓日本學生更了解台灣。

   例 1

   ◎ 台湾で一番人口が多い都市は、どこですか。

   　 1. 台北市　2. 台中市　3. 高雄市　4. 新北市

   　 日本人生徒：「台北市」！

   　 台湾人生徒：ブブー、違います！惜しいです！正解は「新北市」です。

   ◎ 台湾語の「OREN」は、どんな食べ物ですか。日本にもあります。

   　 1. オレンジ　2. みかん　3. おでん　4. 豆腐

   　 日本人生徒：「おでん」！

台湾人生徒：ピンポンピンポン、正解です！正解は「おでん」です。

3. 教師協助把同學們設計的題目翻譯成日文，並整理成講義，向全班解說，一同學習。各組的題目透過 PPT 呈現，該出題組選派 1 位同學誦讀題目，或全體同學一起誦讀（答案可以不唸）。日方同學透過視訊進行回答，若答錯時台灣學生一同說「ブブー」，或一同舉「×」牌或說「惜しいです」、「残念です」；答對時台灣學生一起說「ピンポンピンポン」，或一同舉「〇」牌，同時秀出正確答案的圖片或數字。

4. 教師可以提示出題方向，例如猜猜節日「台湾のバレンタインデーはいつでしょう。」、「台湾の父の日はいつでしょう。」、「台湾のこどもの日はいつでしょう。」等。或是日本人在台灣街上常見而不知意義的招牌，例如「機車とは何でしょう。」、「牙科とは何でしょう。」等。請同學於課本的「我來出個題目」學習單上寫妥 1 個題目與 4 個答案，之後由同組同學共同討論，一起決定某題目，完成答案設計。

5. 解答時要秀出的圖片或圖畫，可請各組先行準備。

6. 各組準備好之後，可於班上先演練一次，同學們共同檢討題目出得好不好、需不需要修改等。

7. 如果日本人進班共同體驗的話，請想到答案的日本朋友快速舉手，第 1 個答對者可送給他禮物，視訊時的活動則省略。

8. 演練時推派 1 位主持人，主持活動進行。（如例 2）

例 2

いまから、クイズを始めます。

答えが分かった人は手を挙げてください。一番早く正解した人にプレゼントがあります。

9. 若有機會繼續發展的話，下次則換日本人以「日本事情<ruby>（にほんじじょう）</ruby>」進行出題，如果是學中文的班級，可以用中文說題目，並以相同方式進行。

活動二：「接待日本人」

學習目標：複習這一冊交流準備的活動。

步驟：

1. 準備迎接日本人時，回顧這學期學過的活動，例如學校簡介、社團介紹、如何做台灣菜、手工香包……等。

2. 將班級分成數小組，各組從中選擇 1 項活動，策劃日本人來訪時，以該方式接待日本人。

活動三：「打卡勝地」

學習目標：

1. 能用簡單的日語介紹自己喜歡的景點。
2. 日本學生來訪時，能積極參加交流活動。

步驟：

1. 同學們各自選一個自己認為最驕傲的打卡景點，介紹給來訪的日本人。

2. 事前自訂題目製作 PPT（10 頁），進行 3 分鐘以內的發表。其中可放事前自己拍的照片或影片，內容是介紹自己認為最驕傲的打卡景點。教師視狀況可要求每頁 PPT 至少寫 1 句日文，或直接讓學生用日語口頭說明。（如例 1、例 2）

3. 主題自選，例如：我最愛夜市美食、練習街舞的地點。可搭配音樂，設計簡單的圖樣當作片段介紹。

4. 先在班上演練一次，最後同學互選第 1 名，日方來訪時也請日方票選最有魅力的打卡勝地。

例 1

ここは私のよく行く場所です。

友達がいっぱいいます。

皆ここで練習しています。

去年の写真です。

この人はすごいですよ。

例 2

この店のかき氷が一番おいしいです。

これはお店の名前です。覚えてくださいね。

ＭＲＴの駅を降りたらすぐですよ。

皆さん、ここのかき氷はどれも美味しいですよ。

暑い日は、いつもたくさんの人が並んでいます。

活動四：「做香包」

學習目標：

1. 能用簡單日語介紹台灣端午節戴香包的意義。
2. 能教日本人做香包。

步驟：

1. 日本人入班學習時，教師事先依人數，將日本人與台灣人混合約每組 4～5 人，如果台日學生人數相當的話，可安排 1 對 1。教師事先準備做香包的材料，由同學介紹香包的做法。

2. 同學事先按照材料包的說明順序，試做好一個成品，日本人來訪時，教導日本人製作，各組則由台灣同學講解香包的意義及做法。（如例 1）

例 1

これは香包（シャンバオ）と言（い）います。

旧暦（きゅうれき）の 5 月（ごがつ）5 日（いつか）に飾（かざ）ります。

端午（たんご）の節句（せっく）は、蒸（む）し暑（あつ）いので、病気（びょうき）を防（ふせ）ぐためにこれを飾（かざ）ります。

これを飾（かざ）って、悪（わる）い運（うん）を払（はら）うと言（い）われています。

では、一緒（いっしょ）に作（つく）りましょう。

3. 做完可以展示、照相，並贈送給日本同學帶回家紀念。

4. 若逢端午節前後，可由同學以 PPT 簡報方式講解端午節吃粽子的意義等（如例 2）。可事先蒐集照片，例如某同學家包粽子的照片、附近市場有名的粽子攤位相片、超市的相片，或說明台灣南北粽的不同……等。

例 2

旧暦（きゅうれき）の 5 月（ごがつ）5 日（いつか）に粽（ちまき）を食（た）べます。

私（わたし）の家（うち）はおばあちゃんが粽（ちまき）を作（つく）っています。

コンビニでも売（う）っていますよ。

中（なか）の具（ぐ）はいろいろあります。

ぜひ食（た）べてみてください。

「ポートフォリオにいれよう」

自我評量：

1. 於日本人來訪時能主動打招呼。

2. 能與日本學生視訊互動。

3. 於共同課程體驗時能運用表達策略溝通。

4. 樂於與日本學生共學。

れんらく
連絡しよう

「學習目標」

1. 能自己做卡片送給日本朋友。
2. 能送照片給日本朋友。
3. 收到日本人的卡片能道謝。
4. 能結交一位日本朋友。

「對應二外課綱」

核心素養：

外 -J-A1 具備認真專注的特質及良好的學習習慣，嘗試運用基本的
學習策略，精進個人第二外國語文能力。

外 -J-B1 具備入門的聽、說、讀、寫第二外國語文能力。在引導下，
能運用所學字母、詞彙及句型進行簡易日常溝通。

外 -J-C2 積極參與課內及課外第二外國語文團體學習活動，培養團
體合作精神。

學習表現：

1- IV -4 能聽懂簡易招呼語。

2- IV -4 能用簡單的招呼語向教師同學打招呼。

2- IV -6 能簡單自我介紹。

3- IV -1 能辨識字母發音與字形。

3- IV -2 能辨識課堂中習得的詞彙。

3- Ⅳ -3 能正確讀出詞彙。

3- Ⅳ -4 能看懂簡單的標示語。

4- Ⅳ -2 能正確模仿寫出詞彙。

5- Ⅳ -2 能聽懂並使用課堂中習得的詞彙。

6- Ⅳ -1 能專注聽取教師的說明與演示。

6- Ⅳ -2 樂於參與各種課堂練習。

6- Ⅳ -3 樂於回答教師或同學提問的問題。

7- Ⅳ -2 能認識課堂中所介紹的國內外主要節慶習俗之異同。

8- Ⅳ -1 能將所學字詞作簡易歸類。

8- Ⅳ -2 能對目標語國家之圖畫、標示、符號等作簡易的猜測或推
論。

學習內容：

Ac- Ⅳ -2 應用詞彙。

Ac- Ⅳ -3 認識詞彙。

Ad- Ⅳ -1 簡易常用的句型結構。

Ae- Ⅳ -1 應用結構。

Ae- Ⅳ -2 認識結構。

Af- Ⅳ -1 圖畫標示。

Af- Ⅳ -2 符號的輔助。

Ba 招呼用語

Ba- Ⅳ -1 問候。

Ba- Ⅳ -2 致謝。

Ba- Ⅳ -3 道別。

Bc 學校生活

Bc- Ⅳ -6 學校活動。

Bc- Ⅳ -7 教室。

Bc- Ⅳ -9 學校作息。

「聞いてみよう」

1. A：台湾人　B：日本人

   A：今日は楽しかったです。

   B：いろいろありがとうございました。私も楽しかったです。

   A：また台湾に来てね。

   B：うん。ねぇねぇ、FBかLINEを交換しようよ。

   A：うん。これ私のQRコードです。

2. A：台湾人　B：日本人

   A：あのう……一緒に写真を撮りませんか。

   B：あ、いいね。撮りましょう。

   A：じゃあ、ここのレンズを見て。はい、チーズ。

   B：ありがとう。私にも送ってね。

3. A：日本人　B：台湾人

   A：久しぶり。元気？

   B：うん、元気だよ。最近、どう？

   A：もうすぐ部活の試合があるから、練習が大変なんだ。

   B：そうなんだ。頑張ってね。

   A：ありがとう。郭さんは最近どう？

   B：もうすぐ夏休みが始まるんだ。家族で日本へ行くかもしれ
   ない。

4. A：日本人教師　B：台湾人生徒　C：台湾人教師

A：こんにちは。

B、C：こんにちは。

A：もうすぐ 7 月ですね。台湾はどんな天気ですか。

B：いい天気です。でも蒸し暑いです。

A：そうですか。日本は雨です。まだ梅雨ですよ。

C：そうですか。まだ梅雨ですか。はい、それでは、
　　始めましょう。

「語句と表現」

皆さん・画像交換・カード・年賀状・LINE・グループ・ＳＮＳ・
Skype・Skype 会議・遠隔授業・久しぶり・交流会・梅の花・誕
生日・また・写真を撮る・交換しよう・QR コード・レンズ・最
近・手紙・見る・送る・連絡する・遊びに来てください・友達に
なれて嬉しい・また会えるのを楽しみにしている

「やってみよう」

活動一：「SNS 群組交流」

學習目標：

1. 樂於參與台日共同交流的活動。
2. 能用簡單的日語解說照片。

步驟：

1. 台日交流過後，教師與日方教師合作，保持雙方學生能繼續連絡互動。

2. 台日雙方以 4～5 人為一組的群組（男女混合），同學自行決定群組，或依來訪時共同活動的組別，或由台日雙方教師決定群組。

3. 小組之間先由台灣學生寄送交流活動時的照片，學生事先選好照片、想好中文說明，在第 1 週時寄送 3 張照片給日本人。上課時老師協助將中文翻譯成簡單的日文。當日本人回覆時，不論是文字、貼圖或照片，台灣學生都需要回應，表達心意，至少要傳送貼圖。如果不懂對方傳來的訊息意思時，用日文請教對方。例如：「すみません。" "ってなんですか」。

3. 互動後隔週上課時安排每組學生分享，將往來時的資訊截圖整理好，做成 PPT，由 1 位同學代表發表，其他組員可以補充自己的訊息說明。

4. 由台日 2 位教師徵詢學生意見，決定題目（例如：趣味、ペット、部活、好きな台湾料理……），互傳照片並搭配 1 句日文說明，規定 1 人 1 週至少要上傳 1 次。

5. 在 LINE 上聊天碰到的問題，請同學於上課前提出告知教師，於課堂討論。

6. 期末時，以組為單位，將與日方學生交流的點點滴滴與感謝的心意，用照片、中文記錄下來（老師再協助翻譯成日文表達）製作成卡片，完成後寄給日方同學，或製作影片成果展。

活動二：「我們這一組」

學習目標：

1. 樂於參與交流活動，積極介紹自己，交外國朋友。
2. 能用簡單日語寫出自己的特質。

步驟：

1. 將全班按同學興趣分成「アニメ好きグループ」、「食べること好きグループ」、「ゲーム好きグループ」等小組，請每組決定一個組名，並將組員名字、綽號、照片、自畫像、連絡方法等整理好，請於課本的「我們這一組」學習單上填妥自己的介紹，全組一同可做成 1 張大卡片或海報、PPT、PDF 檔等。製作時，教師在一旁協助同學們做想表達的日文內容。

2. 做好之後，以「我們這一組」之檔名，寄送給來訪的日本學生，表示歡迎再訪之意。

3. 透過持續連絡的活動，讓日方同學記得來訪時認識的台灣朋友之間的回憶。若日方有回覆，請同學珍惜機會持續連絡，群組互動或個人互動皆可，教師隨時協助同學們解決想表達的日文問題。

4. 到學期末可詢問同學，常互動的有幾個人、交了幾個日本朋友。

5. 無姊妹校來訪者，教師積極尋找日本高中學習中文的班級，尋求視訊交流，互動時日方以中文回覆，以平等互惠原則交流，維持友誼細水長流。

活動三：「做卡片、寄卡片」

學習目標：

1. 樂於參與交流活動，積極互動維持友誼。
2. 能用簡單的日文做 1 張卡片，表達謝意，或生日、節慶祝賀之意。

步驟：

1. 交流結束後的互動先由我們開始，並依照時節做賀年卡、生日卡或感謝卡。（如例 1、例 2、例 3）

2. 教師自行準備做卡片的材料，或購買台灣的明信片使用。

3. 學生自行繪製圖案或黏貼照片（可貼封面或內頁）。

4. 感謝卡內容須包含問候、感謝、照片簡單說明、邀約來台灣玩……等。在課本上寫妥「カード」學習單，並請老師修正後寄出。

5. 視狀況，可集結大家的作品做成海報，當作成果展示，或張貼於牆壁，比賽誰的內容豐富，設計最佳……等。

例 1

山田さんへ

こんにちは。お元気ですか。

この前の交流会は楽しかったですね。

友達になれて、嬉しいです。

これは台湾の梅の花の写真です。きれいでしょう。

また、台湾に遊びに来てくださいね。

では、お元気で。

2018/02/21 玉より

※ 劃下線處可以依情形代換。

例 2

【年賀状】

明けましておめでとうございます
昨年のインターネットの授業は楽しかったです
今年日本へ行きたいです
今年もよろしくお願いします

註：日本的賀年卡傳統寫法中，習慣句尾不加句點，有延續好事
　　與祝福的含意。

例 3

【誕生日カード】

ひとみちゃん

お誕生日おめでとう！
いい一年になりますように。
また会えるのを楽しみにしているよ。
これからもよろしくね。

いくおより

活動四：「寫回信」

學習目標：

1. 樂於透過信函，或發送電子郵件回覆日方朋友來函。
2. 能閱讀日方謝函，並能用簡單日文寫回信。

步驟：

1. 當日方朋友來訪回國之後，寄來謝函時，教師協助同學閱讀日文信函，並撰寫回信。
2. 例如日方來信如「例 1」。

例 1

美美さんへ

お久しぶりです。お元気ですか。

今、日本は桜が咲いています。

私は中学 3 年生になりました。

台湾ではお世話になりました。

本当にありがとうございました。

手紙と一緒に日本のお菓子を送ります。

また SNS で連絡しますね。

2020/4/1 めぐみより

3. 教師協助學生撰寫回信，先讓學生思考想表達的內容，在課本上寫妥「メール」學習單，請教師指導日文，同時解說稱呼對方的方式如「～さん」、「～ちゃん」、「～君」是視與對方交情而選擇使用。（如例 2）

例2

めぐみさんへ

お手紙とお菓子ありがとうございました。嬉しかったです。

お菓子、美味しかったです。

台湾では、一緒にいろいろなところへ遊びに行きましたね。

私はもっと日本語が上手になりたいです。もっとめぐみさんと
たくさん話したいです。

また台湾に遊びに来てください。

2020/4/10 美美より

4. 教師同時提醒學生「與外國人做朋友」是不容易的事，郵寄日文
信或傳送電子郵件對收信者來說都是十分珍貴的，友誼得來不
易，若接到信，值得撥出時間回信，信件內容簡短也無妨。若從
自己開始，勤於持續保持與對方的連絡，未來就有再見面的機
會。

「ポートフォリオにいれよう」

自我評量：

1. 我能自己做卡片送給日本朋友。
2. 我能送照片給日本朋友。
3. 我收到日本人的卡片能道謝。
4. 我能交一位日本朋友。

課本 CD 錄製的內容

Unit 1　S 校はどんな学校ですか

「聞いてみよう」

1. A：台湾人　B：日本人

　　A：海がきれいですね。

　　B：小さい学校ですね。

2. A：日本人　B：台湾人

　　A：歴史のある学校ですよ。

　　B：さくらがきれいですね。

3. A：日本人　B：台湾人

　　A：見て、北海道にある学校だよ。

　　B：寒そう。

　　A：でも、楽しそう。

4. A：日本人　B：台湾人

　　A：あっ、ロボットですよ。

　　B：新しい授業ですね。

「語句と表現」

小学校・中学校・高校・大学・教室・ロボット・環境・神社・海・山・さくら・日本一・ダンス部・野球部・キャンパス・新しい・有名・大きい学校・小さい学校・古い学校・きれいな学校・すてきな学校・北海道にある学校・沖縄にある学校・歴史のある学校・寒そう・楽しそう・どこ・どう・どんな〜

「やってみよう」

活動一：「介紹姉妹校的環境」

S校は北海道にあります。小さい学校ですが、歴史のある学校です。

きれいです。近くに神社があります。女子校です。ダンス部が有名です。制服がかわいいです。

・どこにありますか。

・どんな学校ですか。

・環境はどうですか。

活動二：「是一間怎麼樣的學校？」

例1

・小学校ですか、中学校ですか。→

・小さいですか、大きいですか。→

例2

・どんな学校ですか。→

・どこにありますか。→

・環境はどうですか。→

例3

・野球部がとても有名ですよ。日本一です。

・キャンパスがきれいです。

活動三：「學校比一比」

・A学校は大きいです。　　　　B学校は大きくないです。

・A学校は歴史があります。　　B学校は新しいです。

・A学校は台北にあります。　　B学校は屏東にあります。

Unit 2　クラブ活動

「聞いてみよう」

1. A：台湾人　B：日本人

   A：ダンス部の発表だ。かっこいい。

   B：私もやりたいなー。

2. A：台湾人　B：日本人

   A：すてきな写真だね。

   B：すごいね。

3. A：日本人　B：台湾人

   A：頑張れー！

   A、B：楊さん、楊さん。

   B：打てー！

4. A：台湾人　B：日本人

   A：ゆかた、似合うね。

   B：ありがとう。林さんも似合うよ。

   B：抹茶とお菓子がおいしい。

   A：日本語クラブ、楽しいね。

「語句と表現」

クラブ活動・バドミントン部・卓球部・テニス部・軽音部・サッカー部・ギター部・写真部・合唱部・日本語クラス・吹奏楽部・マーチング部・手芸部・美術部・陸上部・音楽ホール・試合・コンクール・全国大会・映像・発表会・毎年・部員・部活・最優秀賞・作品・ゆかた・お菓子・みんな仲良し・すてきな・週に一回・練習する・似合う・〜に入っています・〜で発表する・緊張する・〜を紹介する・やりたい・頑張れ・打て

「やってみよう」

活動一：「社團博覽會」

例

・「卓球部を紹介します。」

・「全国大会で、二位でした。」

・「合唱部に入っています。」

・「音楽ホールで発表しました。」

・「ギターの練習をしています。」

活動二：「向姉妹校介紹本校社團」

例1

合唱部を紹介します。

週に一回練習します。毎年、発表会があります。

これは発表の時の映像です。緊張しました。

部員がたくさんいます。みんな仲良しです。楽しいですよ。

例2

写真部を紹介します。

みんな写真が大好きです。

とてもすてきな写真でしょう。

これは全国のコンクールで最優秀賞の作品です。

Unit 3 学校生活

「聞いてみよう」

1. A：日本人　B：台湾人

   A：朝早くから自習がありますね。

   B：はい、時々テストがありますよ。

   A：えー！

   B：掃除もしなければなりません。

   A：大変ですね。

2. A：先生　B：生徒　C：生徒

   A：日本語は高一から始まります。

   B：私は日本語が好きです。

   C：でも、カタカナは難しそうですね。

3. A：台湾人

   A：今は昼休みです。昼ごはんの後、みんな休んでいます。
   　　午後の授業は 1 時半に始まります。

4. A：先生　B、C：生徒

   A：危ないから、やめなさい。

   B、C：すみません。

「語句と表現」

時間割・朝会・科目・数学・英語・国語・地理・歴史・音楽・公民・生物・化学・ホームルーム・体育・美術・情報・家庭科・課外授業・休み・昼休み・自習・1時間・放課後・何時間目・月曜日・火曜日・水曜日・木曜日・金曜日・土曜日・日曜日・テスト・簡単・最高・特別な・大変な・遅い・早い・長い・短い・暑い・楽しい・難しい・難しそう・なぜ・どうして・どちら・ちょっと・あまり・なんとなく・授業が始まる・授業が終わる・疲れる・たくさん話す・掃除をしなければなりません

「やってみよう」

活動一：「夢幻課表」

例

・私は日本語が大好きです。ですから、毎日日本語を勉強したいです。
・英語も好きです。ですから、英語もたくさん勉強したいです。
・歴史はちょっと難しいです。あまり好きではありません。

活動二：「課表比較」

例1

王さん：どちらが好きですか。

黄さん：私は日本の方が好きですね。

王さん：どうしてですか。

黄さん：朝が遅いからです。王さんは？

王さん：台湾の方がいいかな。昼休みが長いからです。

例2

鄭さん：どちらが好きですか。

林さん：私は台湾の方が好きですね。

鄭さん：どうしてですか。

林さん：日本の科目がよく分からないから。鄭さんは？

鄭さん：私もなんとなく、台湾の方がいいかな。

活動三：「令人印象深刻的課程」

林さん　　：こんにちは。林です。どうぞよろしくお願いします。

山本さん：こんにちは。山本です。よろしくお願いします。
　　　　　　一週間の授業で、大変な授業はどの授業ですか。

林さん　　：水曜日の体育です。

山本さん：どうしてですか。

林さん　　：暑いし、疲れるからです。

山本さん：好きな授業はどの授業ですか。

林さん　　：月曜日の日本語です。

山本さん：どうしてですか。

林さん　：先生が好きだし、楽しいからです。

Unit 4　学校案内

「聞いてみよう」

1. A：台湾人　B：日本人

   A：芝生がきれい。すごいグラウンドですね。

   B：放課後、サッカーできるんだ。

2. A：台湾人　B：日本人

   A：何買う？

   B：肉まんにしようかな。

   A：あ、二つ目は半額だ。一緒に買おう。

3. A：日本人　B：台湾人

   A：パソコンの授業ですか。

   B：いいえ、数学の授業ですよ。

   A：かっこいいなあ。

4. A：台湾人　B：日本人

   A：次の時間はおにぎりコンテストだ。調理教室に行こう。

   B：楽しみだなあ。

「語句と表現」

図書館・教室・廊下・お手洗い・体育館・グラウンド・サッカー・講堂・購買部・寮・庭・保健室・校長室・職員室・昇降口・上履き・食堂・音楽室・コンピューター室・視聴覚教室・調理教室・放送室・守衛室・朝礼台・校門・駐車場・ゴミ捨て場・給食・お弁当・肉まん・芝生・二つ目・半額・コンテスト・パソコン・食べる・一緒に買おう・楽しみだね

「やってみよう」

活動一：「票選我喜愛的校園一角」

例 1

私たちは＿＿体育館＿＿が好きです。放課後よくここに来ます。友達と＿＿バスケ＿＿をします。

例 2

私は＿＿朝礼台の後ろ＿＿が好きです。そこで、友達とおしゃべりします。お菓子を食べます。

例 3

私は＿＿寮の庭＿＿が好きです。放課後、よくそこで、友達と遊んでいます。

Unit 5　台湾の料理

「聞いてみよう」

1.　A：日本人　B：台湾人

　　A：おいしい。これは何ですか。

　　B：豆花というデザートですよ。

　　A：へー。そうなんですか。これは。

　　B：ピーナッツですよ。

　　A：甘くておいしいですね。

2.　A：日本人　B：台湾人

　　A：暑いですね。何か飲みたいですね。

　　B：タピオカミルクティーがおすすめです。

　　A：いいですね。そうしよう。

3.　A：日本人　B：台湾人

　　A：夜市の食べ物で何がおすすめですか。

　　B：面白いものがありますよ。
　　　とても大きいフライドチキンです。

　　A：そうですか。わー、食べてみたい。

4. Ａ：日本人　Ｂ：台湾人

Ａ：台湾の人は朝、何を食べますか。

Ｂ：パンとか、ハンバーガーとか、蛋餅とか、

　　いろいろありますよ。

Ａ：陳君は何を食べるの。

Ｂ：僕は蛋餅が一番好きです。

Ａ：それは何ですか。

Ｂ：卵入りのクレープで、しょっぱいです。

「語句と表現」

デザート・ピーナッツ・タピオカミルクティー・フライドチキン・
卵入りのクレープ・しょっぱい・オムライス・中華料理・日本料
理・何料理・夜市・屋台・ゼリー・豆乳プリン・小籠包・牛肉麺・
臭豆腐・ビーフン・チャーハン・塩・砂糖・みそ・醤油・酢・胡
椒・油・酒・だし・ソース・しょうが・ニンニク・バター・ねぎ・
調味料・豚肉・材料・作り方・強火・弱火・炊飯器・フライパン・
鍋・味付け・お湯・有名・苦手・辛い・甘い・濃い・薄い・適当
に・少し・多めに・作る・炒める・茹でる・揚げる・煮込む・焼
く・蒸す・入れる・かける・浸す・混ぜる・やわらかくなる・加
える・準備する

「やってみよう」

活動三：「猜猜是什麼料理？」

例

生徒B：何料理ですか？　　　　　→生徒A：台湾料理です。

生徒C：どんな味ですか？　　　　→生徒A：しょっぱいです。

生徒D：何を使いますか？　　　　→生徒A：卵を使います。

生徒E：何を使いますか？　　　　→生徒A：大根を使います。

生徒B：どうやって作りますか？　→生徒A：フライパンで焼き
　　　　　　　　　　　　　　　　　　　　ます。

生徒E：どんな色ですか？　　　　→生徒A：茶色です。

Unit 6　交流会

「聞いてみよう」

1. A：日本人　B：台湾人

   A：はじめまして。斉藤です。

   B：佐藤さんですね。よろしくお願いします。

   A：いいえ、「さいとう」です。

   B：すみません。斉藤さんですね。

2. A：台湾人　B：日本人

   A：山本さん、下の名前は何ですか。

   B：結衣です。

   A：山本ゆりさんですか。

   B：いいえ、「ゆい」です。

   A：すみません、結衣さんですね。

   B：はい、山本結衣です。

3. A：台湾人　B：日本人

   A：これ、日本で撮った写真です。

   B：いい写真ですね。春に行きましたか。

A：はい。さくらがきれいでした。

　　B：妹さんですか。似ていますね。

　　A：一つ下です。

4.　A：日本人　B：台湾人

　　A：台湾はすごいね。町に小林ラーメンがあった。

　　B：あ、あれはね、小林じゃなくて、シャオリンだよ。

　　A：あ〜、そうか。中国語の読み方か。

　　B：鈴木、本田、伊藤など、台湾にもいろいろあるよ。

「語句と表現」

苗字・名字・名前・高橋・阿部・小松・斉藤・清水・菊池・山崎・山崎・松井・森・藤本・小池・草彅・木村・松本・星川・吉田・山口・山田・佐々木・須田・安藤・宮崎・工藤・立花・井上・林・写真・春・中国語・読み方・父【お父さん】・母【お母さん】・兄弟・姉妹・兄【お兄さん】・姉【お姉さん】・妹【妹さん】・弟【弟さん】・３年生・ペット・祖父【おじいさん】・祖母【おばあさん】・お花見・元気・泣き虫・いじわる・頭がいい・厳しい・どこから来たか

「やってみよう」

活動一：「我會唸日本人的姓」

例1

A：こんにちは、田中（たなか）です。どうぞよろしくお願（ねが）いします。

B：田中（たなか）さんですね。松井（まつい）です。よろしくお願（ねが）いします。

例2

A：こんにちは。田中（たなか）です。どうぞよろしくお願（ねが）いします。

B：すみません。もう一度（いちど）お願（ねが）いします。

A：田中（たなか）です。

B：田中（たなか）さんですね。松井（まつい）です。よろしくお願（ねが）いします。

例3

A：こんにちは。田中（たなか）です。どうぞよろしくお願（ねが）いします。

B：中田（なかだ）さんですね。

A：いいえ、田中（たなか）です。どうぞよろしくお願（ねが）いします。

B：田中（たなか）さんですね。松井（まつい）です。よろしくお願（ねが）いします。

活動二：「我的家人最可愛」

例1

これは祖母（そぼ）です。

去年（きょねん）、東京（とうきょう）に行（い）きました。

お花見（はなみ）をしました。

日本（にほん）のドラマが好（す）きです。日本（にほん）の歌（うた）も好（す）きです。

例2

これは弟（おとうと）です。

小学校（しょうがっこう）3年生（さんねんせい）です。

犬（いぬ）が好（す）きです。

野菜（やさい）がきらいです。

例3

かわいいからです。面白（おもしろ）いからです。かっこいいからです。

やさしいからです。

活動三：「名人家譜」

例

1.　6 人家族です。
<small>ろく にん か ぞく</small>

2.　お父さん、お母さん、おじいちゃん、おばあちゃん、妹さん
<small>とう</small>　　<small>かあ</small>　　　　　　　　　　　　　　　　　　　　　<small>いもうと</small>
　　がいます。

3.　とても元気です。（泣き虫、いじわる、頭がいい、面白い、
　　　　　<small>げん き</small>　　　　　<small>な</small>　<small>むし</small>　　　　　<small>あたま</small>　　　　<small>おもしろ</small>
　　きびしい）

Unit 7　授業体験

「聞いてみよう」

1. A：台湾人　B：台湾人

　　A：もうすぐ日本人の高校生が来るね。緊張するな。

　　B：わくわくするね。友達できるかな。楽しみだね。

　　A：このプレゼント、喜んでくれるかな。

　　B：喜ぶと思うよ。

2. A：台湾人　B：日本人

　　A：こんにちは、陳です。よろしくお願いします。

　　B：どうも、木村です。よろしくお願いします。

　　A：これ、プレゼントです。どうぞ。

　　B：ありがとうございます。日本のお土産です。どうぞ。

　　A：ありがとうございます。わあ、きれいですね。

　　B：小物入れです。私が作りました。

　　A：わあ、嬉しい。

3. A：日本人　B：台湾人

　　A：難しいなあ。

B：これは、こうするんだよ。

A：あっ、そうか。

B：そうそう。こうして、ほら。できたよ。

A：わあ、ありがとう。楽<ruby>し<rt>たの</rt></ruby>かったね。

B：<ruby>僕<rt>ぼく</rt></ruby>も<ruby>楽<rt>たの</rt></ruby>しかった。

4. A：<ruby>台湾人<rt>たいわんじん</rt></ruby>　B：<ruby>日本人<rt>にほんじん</rt></ruby>　C：<ruby>台湾人<rt>たいわんじん</rt></ruby>　D：<ruby>日本人<rt>にほんじん</rt></ruby>

A：え～あ～。

B：<ruby>何<rt>なに</rt></ruby>を<ruby>話<rt>はな</rt></ruby>そう……。<ruby>緊張<rt>きんちょう</rt></ruby>するね。

C：まあ、<ruby>お菓子<rt>かし</rt></ruby>、どうぞ。おいしいですよ。

D：これ、<ruby>何<rt>なん</rt></ruby>ですか。

A：タロイモチップスです。

「<ruby>語句<rt>ごく</rt></ruby>と<ruby>表現<rt>ひょうげん</rt></ruby>」

<ruby>校長<rt>こうちょう</rt></ruby>・スピーチ・パフォーマンス・<ruby>活動<rt>かつどう</rt></ruby>・<ruby>試合<rt>しあい</rt></ruby>・<ruby>共演<rt>きょうえん</rt></ruby>・ホームステイ・<ruby>民族衣装<rt>みんぞくいしょう</rt></ruby>・<ruby>民族舞踊<rt>みんぞくぶよう</rt></ruby>・<ruby>中国結<rt>ちゅうごくむす</rt></ruby>び・<ruby>手作<rt>てづく</rt></ruby>り・<ruby>小物入<rt>こものい</rt></ruby>れ・クイズ・<ruby>合同授業<rt>ごうどうじゅぎょう</rt></ruby>・<ruby>課外授業<rt>かがいじゅぎょう</rt></ruby>・<ruby>お祭<rt>まつ</rt></ruby>り・<ruby>中国武術<rt>ちゅうごくぶじゅつ</rt></ruby>・<ruby>合唱<rt>がっしょう</rt></ruby>・<ruby>演劇<rt>えんげき</rt></ruby>・<ruby>見学<rt>けんがく</rt></ruby>・プレゼント<ruby>交換<rt>こうかん</rt></ruby>・ミッション・<ruby>連絡<rt>れんらく</rt></ruby>・グループ<ruby>分<rt>わ</rt></ruby>け・カルチャーショック・<ruby>お店<rt>みせ</rt></ruby>・かき<ruby>氷<rt>ごおり</rt></ruby>・<ruby>科学実験<rt>かがくじっけん</rt></ruby>・<ruby>具<rt>ぐ</rt></ruby>・<ruby>漢字<rt>かんじ</rt></ruby>・<ruby>書道<rt>しょどう</rt></ruby>・<ruby>演奏<rt>えんそう</rt></ruby>・<ruby>発表<rt>はっぴょう</rt></ruby>・<ruby>旧暦<rt>きゅうれき</rt></ruby>・<ruby>端午<rt>たんご</rt></ruby>の<ruby>節句<rt>せっく</rt></ruby>・<ruby>粽<rt>ちまき</rt></ruby>・タロイモチップス・<ruby>正解<rt>せいかい</rt></ruby>・コンビニ・<ruby>蒸<rt>む</rt></ruby>し<ruby>暑<rt>あつ</rt></ruby>い・<ruby>伝統的<rt>でんとうてき</rt></ruby>な・<ruby>お互<rt>たが</rt></ruby>いに・<ruby>違<rt>ちが</rt></ruby>う・<ruby>喜<rt>よろこ</rt></ruby>ぶ・<ruby>喜<rt>よろこ</rt></ruby>んでくれる・<ruby>病気<rt>びょうき</rt></ruby>を<ruby>防<rt>ふせ</rt></ruby>ぐ・<ruby>飾<rt>かざ</rt></ruby>る・<ruby>悪<rt>わる</rt></ruby>い<ruby>運<rt>うん</rt></ruby>を<ruby>払<rt>はら</rt></ruby>う・<ruby>学園祭<rt>がくえんさい</rt></ruby>に<ruby>参加<rt>さんか</rt></ruby>する・～と<ruby>言<rt>い</rt></ruby>われている・<ruby>覚<rt>おぼ</rt></ruby>え

てください・駅を降りたらすぐ・並んでいる・一緒に作りましょう・
ぜひ食べてみてください・ようこそ・〜へいらっしゃいました

「やってみよう」

活動一：「台灣事情大猜謎」

例1

◎ 台湾で一番人口が多い都市は、どこですか。

    1. 台北市　2. 台中市　3. 高雄市　4. 新北市

日本人生徒：「台北市」！

台湾人生徒：ブブー、違います！惜しいです！正解は「新北
　　　　　　市」です。

◎ 台湾語の「OREN」は、どんな食べ物ですか。日本にもあり
ます。

    1. オレンジ　2. みかん　3. おでん　4. 豆腐

日本人生徒：「おでん」！

台湾人生徒：ピンポンピンポン、正解です！正解は「おでん」
　　　　　　です。

例2

いまから、クイズを始<ruby>始<rt>はじ</rt></ruby>めます。

<ruby>答<rt>こた</rt></ruby>えが<ruby>分<rt>わ</rt></ruby>かった<ruby>人<rt>ひと</rt></ruby>は<ruby>手<rt>て</rt></ruby>を<ruby>挙<rt>あ</rt></ruby>げてください。<ruby>一番早<rt>いちばんはや</rt></ruby>く<ruby>正解<rt>せいかい</rt></ruby>した<ruby>人<rt>ひと</rt></ruby>に

プレゼントがあります。

活動三：「打卡勝地」

例1

ここは<ruby>私<rt>わたし</rt></ruby>のよく<ruby>行<rt>い</rt></ruby>く<ruby>場所<rt>ばしょ</rt></ruby>です。

<ruby>友達<rt>ともだち</rt></ruby>がいっぱいいます。

<ruby>皆<rt>みんな</rt></ruby>ここで<ruby>練習<rt>れんしゅう</rt></ruby>しています。

<ruby>去年<rt>きょねん</rt></ruby>の<ruby>写真<rt>しゃしん</rt></ruby>です。

この<ruby>人<rt>ひと</rt></ruby>はすごいですよ。

例2

この<ruby>店<rt>みせ</rt></ruby>のかき<ruby>氷<rt>ごおり</rt></ruby>が<ruby>一番<rt>いちばん</rt></ruby>おいしいです。

これはお<ruby>店<rt>みせ</rt></ruby>の<ruby>名前<rt>なまえ</rt></ruby>です。<ruby>覚<rt>おぼ</rt></ruby>えてくださいね。

<ruby>ＭＲＴ<rt>エムアールティー</rt></ruby>の<ruby>駅<rt>えき</rt></ruby>を<ruby>降<rt>お</rt></ruby>りたらすぐですよ。

<ruby>皆<rt>みな</rt></ruby>さん、ここのかき<ruby>氷<rt>ごおり</rt></ruby>はどれも<ruby>美味<rt>おい</rt></ruby>しいですよ。

<ruby>暑<rt>あつ</rt></ruby>い<ruby>日<rt>ひ</rt></ruby>は、いつもたくさんの<ruby>人<rt>ひと</rt></ruby>が<ruby>並<rt>なら</rt></ruby>んでいます。

活動四：「做香包」

例 1

これは香包(シャンバオ)と言います。

旧暦(きゅうれき)の 5 月(ごがつ) 5 日(いつか)に飾(かざ)ります。

端午(たんご)の節句(せっく)は、蒸(む)し暑(あつ)いので、病気(びょうき)を防(ふせ)ぐためにこれを飾(かざ)り

ます。

これを飾(かざ)って、悪(わる)い運(うん)を払(はら)うと言(い)われています。

では、一緒(いっしょ)に作(つく)りましょう。

例 2

旧暦(きゅうれき)の 5 月(ごがつ) 5 日(いつか)に粽(ちまき)を食(た)べます。

私(わたし)の家(うち)はおばあちゃんが粽(ちまき)を作(つく)っています。

コンビニでも売(う)っていますよ。

中(なか)の具(ぐ)はいろいろあります。

ぜひ食(た)べてみてください。

Unit 8 連絡<ruby>連絡<rt>れんらく</rt></ruby>しよう

「聞<ruby>聞<rt>き</rt></ruby>いてみよう」

1. A：台湾人<ruby>台湾人<rt>たいわんじん</rt></ruby>　B：日本人<ruby>日本人<rt>にほんじん</rt></ruby>

   A：今日<ruby>今日<rt>きょう</rt></ruby>は楽<ruby>楽<rt>たの</rt></ruby>しかったです。

   B：いろいろありがとうございました。私<ruby>私<rt>わたし</rt></ruby>も楽<ruby>楽<rt>たの</rt></ruby>しかったです。

   A：また台湾<ruby>台湾<rt>たいわん</rt></ruby>に来<ruby>来<rt>き</rt></ruby>てね。

   B：うん。ねぇねぇ、FB か LINE<ruby>LINE<rt>ライン</rt></ruby>を交換<ruby>交換<rt>こうかん</rt></ruby>しようよ。

   A：うん。これ私<ruby>私<rt>わたし</rt></ruby>の Q R<ruby>Q R<rt>キューアール</rt></ruby> コードです。

2. A：台湾人<ruby>台湾人<rt>たいわんじん</rt></ruby>　B：日本人<ruby>日本人<rt>にほんじん</rt></ruby>

   A：あのう……一緒<ruby>一緒<rt>いっしょ</rt></ruby>に写真<ruby>写真<rt>しゃしん</rt></ruby>を撮<ruby>撮<rt>と</rt></ruby>りませんか。

   B：あ、いいね。撮<ruby>撮<rt>と</rt></ruby>りましょう。

   A：じゃあ、ここのレンズを見<ruby>見<rt>み</rt></ruby>て。はい、チーズ。

   B：ありがとう。私<ruby>私<rt>わたし</rt></ruby>にも送<ruby>送<rt>おく</rt></ruby>ってね。

3. A：日本人<ruby>日本人<rt>にほんじん</rt></ruby>　B：台湾人<ruby>台湾人<rt>たいわんじん</rt></ruby>

   A：久<ruby>久<rt>ひさ</rt></ruby>しぶり。元気<ruby>元気<rt>げんき</rt></ruby>？

   B：うん、元気<ruby>元気<rt>げんき</rt></ruby>だよ。最近<ruby>最近<rt>さいきん</rt></ruby>、どう？

   A：もうすぐ部活<ruby>部活<rt>ぶかつ</rt></ruby>の試合<ruby>試合<rt>しあい</rt></ruby>があるから、練習<ruby>練習<rt>れんしゅう</rt></ruby>が大変<ruby>大変<rt>たいへん</rt></ruby>なんだ。

101

B：そうなんだ。頑張ってね。

A：ありがとう。郭さんは最近どう？

B：もうすぐ夏休みが始まるんだ。家族で日本へ行くかもしれない。

4. A：日本人教師　B：台湾人生徒　C：台湾人教師

A：こんにちは。

B、C：こんにちは。

A：もうすぐ 7 月ですね。台湾はどんな天気ですか。

B：いい天気です。でも蒸し暑いです。

A：そうですか。日本は雨です。まだ梅雨ですよ。

C：そうですか。まだ梅雨ですか。はい、それでは、始めましょう。

「語句と表現」

皆さん・画像交換・カード・年賀状・LINE・グループ・ＳＮＳ・Skype・Skype 会議・遠隔授業・久しぶり・交流会・梅の花・誕生日・また・写真を撮る・交換しよう・ＱＲコード・レンズ・最近・手紙・見る・送る・連絡する・遊びに来てください・友達になれて嬉しい・また会えるのを楽しみにしている

「やってみよう」

活動三：「做卡片、寄卡片」

例 1

山田さんへ

こんにちは。お元気ですか。

この前の交流会は楽しかったですね。

友達になれて、嬉しいです。

これは台湾の梅の花の写真です。きれいでしょう。

また、台湾に遊びに来てくださいね。

では、お元気で。

2018/02/21 玉より

例 2

【年賀状】

明けましておめでとうございます

昨年のインターネットの授業は楽しかったです

今年日本へ行きたいです

今年もよろしくお願いします

例3

【誕生日カード】

ひとみちゃん

お誕生日おめでとう！

いい一年になりますように。

また会えるのを楽しみにしているよ。

これからもよろしくね。

いくおより

活動四：「寫回信」

例1

美美さんへ

お久しぶりです。お元気ですか。

今、日本は桜が咲いています。

私は中学 3 年生になりました。

台湾ではお世話になりました。

本当にありがとうございました。

手紙と一緒に日本のお菓子を送ります。

また SNS で連絡しますね。

2020/4/1 めぐみより

例2

めぐみさんへ

お手紙とお菓子ありがとうございました。嬉しかったです。

お菓子、美味しかったです。

台湾では、一緒にいろいろなところへ遊びに行きましたね。

私はもっと日本語が上手になりたいです。

もっとめぐみさんとたくさん話したいです。

また台湾に遊びに来てください。

2020/4/10 美美より

國家圖書館出版品預行編目資料

こんにちは 你好 ② 教師手冊 / 陳淑娟著
-- 初版 -- 臺北市：瑞蘭國際, 2019.01
112面；19×26公分 --（日語學習系列；40）
ISBN：978-986-96580-7-2（第1冊：平裝）
　　　978-986-96830-8-1（第2冊：平裝）
1.日語 2.教材 3.中小學教育

523.318　　　　　　　　　　　　　107012725

日語學習系列 40

こんにちは 你好 ② 教師手冊

作者｜陳淑娟
編撰小組｜彦坂はるの、芝田沙代子、田中綾子、廖育卿、袁立、鍾婷任、黃聖文、吳亭穎
責任編輯｜葉仲芸、楊嘉怡
校對｜陳淑娟、廖育卿、彦坂はるの、葉仲芸、楊嘉怡

日語錄音｜後藤晃、彦坂はるの、芝田沙代子
錄音室｜采漾錄音製作有限公司
封面設計｜陳盈、余佳憓、陳如琪・版型設計、內文排版｜陳如琪
美術插畫｜吳晨華

董事長｜張暖彗・社長兼總編輯｜王愿琦
編輯部
副總編輯｜葉仲芸・副主編｜潘治婷・文字編輯｜林珊玉、鄧元婷
特約文字編輯｜楊嘉怡
設計部主任｜余佳憓・美術編輯｜陳如琪
業務部
副理｜楊米琪・組長｜林湲洵・專員｜張毓庭

法律顧問｜海灣國際法律事務所　呂錦峯律師

出版社｜瑞蘭國際有限公司・地址｜台北市大安區安和路一段104號7樓之1
電話｜(02)2700-4625・傳真｜(02)2700-4622・訂購專線｜(02)2700-4625
劃撥帳號｜19914152 瑞蘭國際有限公司・瑞蘭國際網路書城｜www.genki-japan.com.tw

總經銷｜聯合發行股份有限公司・電話｜(02)2917-8022、2917-8042
傳真｜(02)2915-6275、2915-7212・印刷｜科億印刷股份有限公司
出版日期｜2019年01月初版1刷・定價｜200元・ISBN｜978-986-96830-8-1

◎ 版權所有・翻印必究
◎ 本書如有缺頁、破損、裝訂錯誤，請寄回本公司更換

 本書採用環保大豆油墨印製